ママとベビーのためのお悩み別マッサージ

妊娠中は自分に、そして出産後は赤ちゃんにもマッサージをしていました。
その中で、代表的な悩みや目的別に、誰でも手軽にできるものを紹介します。
必要に応じてページを切り取ってぜひ活用してみてください。

産前

case 1　妊娠線を残したくない
case 2　できる限りスムーズに産みたい（会陰マッサージ）
case 3　脚のむくみをとりたい
case 4　母乳の出をよくしたい①（乳腺マッサージ）
case 5　母乳の出をよくしたい②（乳首マッサージ）

産前＆産後

case 1　体に負担をかけない、立ち方・座り方・起き上がり方

産後

case 1　腰痛と肩こりがつらい
case 2　お腹をすっきりさせたい
case 3　尿もれを治したい

case 1　ぐっすり眠ってほしい
case 2　便秘を防ぎたい
case 3　脳の発達を促すには
case 4　脚の形がキレイになるように

キリトリ線

for Mama

ママのマッサージについて

妊娠中から出産後までどの時期にも効果大！

「妊娠中はトラブルが出やすく、それらを解消するためにマッサージは効果的です。日々の習慣にすることで、ラクになることが少なくありません。また、会陰マッサージなど出産時のつらさを和らげるものや、出産後の母乳育児を意識したマッサージもあります。

　また、出産で大きく負担がかかった体は、予想外のトラブルが出てしまうことも。赤ちゃんを産んだあとのケアとしても、マッサージが役に立つことは多いのです。いずれにしても無理は禁物。マッサージを始めるタイミングなどを医師に相談したうえで、体調をみながらおこないましょう。ちなみに、すべりをよくしてマッサージをやりやすくするために、オイルなどを塗ることをお忘れなく！」

気をつけたいことは？

- □ 産前・産後ともに、おこなう前は医師に相談を
- □ 産前におこなう場合は、基本的に安定期以降に
- □ 体調がすぐれないときは無理をしないで
- □ お腹が張るなどいつもと違うと感じたら、中止して
- □ オイルや乳液は必須！　できるだけたっぷりと
- □ 帝王切開だった人は、特に無理はしない
- □ マッサージの回数や時間は「目安」と考えて

キリトリ線

産前

case
1

妊娠線を残したくない

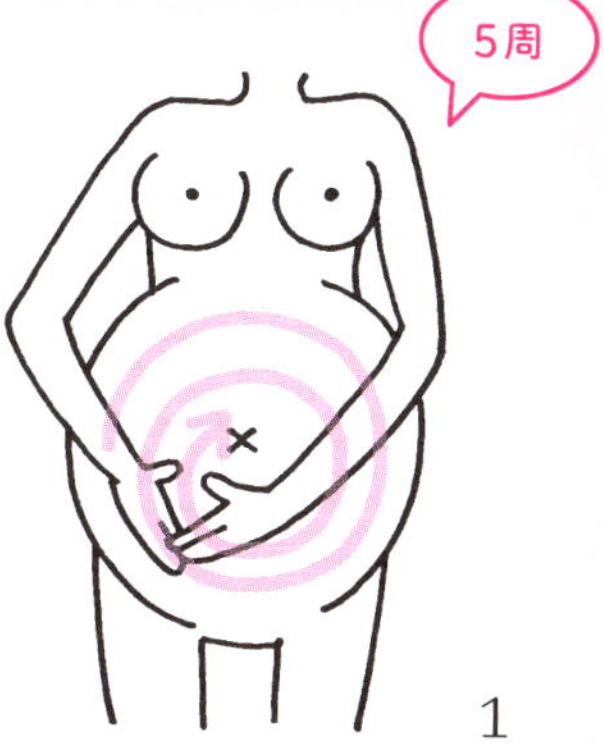

お腹全体をさすります。両方の手のひらの面を広く使い、おへそを中心にして時計まわりに優しくなでるように。

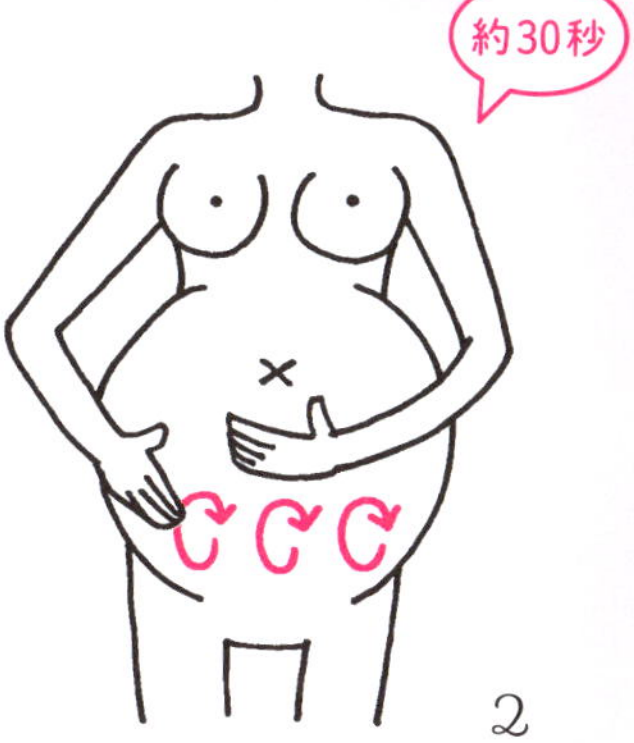

下腹部はお腹が大きくなると見えにくい部分。お腹を軽く持ち上げ、反対の手で小さな円を描くようになでます。

盲点の“おへそから下”は入念に

「お腹の膨らみに肌の伸びが追いつかず、肌にひび割れのような妊娠線（ストレッチマーク）ができることがあります。それを防ぐには、肌が伸びやすいようにしなやかに整えておくことが重要。オイルマッサージはとても効果的です。お腹の張りなどトラブルがなければ、妊娠初期から始めると安心ですね。お腹が大きくなると、おへそから下は見えにくくなりますが、実は下腹部こそ妊娠線ができやすいので、お腹を軽く持ち上げてまんべんなくマッサージしましょう。ちなみに、オイルはお腹がベタベタするほど塗るのがおすすめ。すべてがなじまなくても、肌に残ったオイルはあえて拭き取らないのがポイントです。さらしや腹巻を巻くと洋服についたりせず、そのうち肌になじみます」

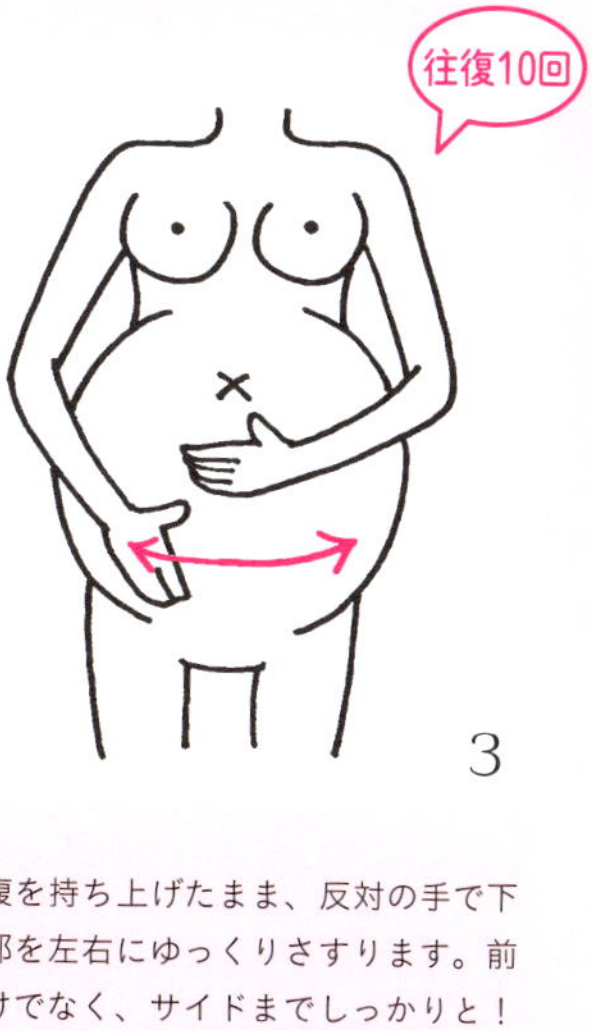

お腹を持ち上げたまま、反対の手で下腹部を左右にゆっくりさすります。前だけでなく、サイドまでしっかりと！

キリトリ線

case
2

産前

できる限りスムーズに産みたい

（会陰マッサージ）

1

会陰から膣の入口までなでる

会陰と手を清潔にして（入浴後がおすすめ）、指先と会陰にオイルをつけ、会陰のまわりを優しくなでるようにマッサージ。会陰をやわらかく整えることができます。そして、膣の入口にもちょっとだけ指先を入れて、入口の縁に沿わせるようにして指先でなでましょう。

2

ナプキンで即席“オイル湿布”を

マッサージを終えたら、生理用（おりもの用でも可）ナプキンにオイルを数滴しみ込ませてショーツにつけてはきます。会陰にずっとオイルが触れているため、その間は潤いを与え続けることができるのです。マッサージに抵抗がある人は、せめてこの方法だけでも。

出産時に切れないために会陰をしっとりしなやかに

「会陰の伸びがいいほど、経腟出産のときに会陰が切れてしまうことが少ないそうです。つまり、柔軟性のある会陰のほうがいいということ。そのために、高齢の妊婦ほどしっかり潤いを与えてマッサージすることが大切だと思います。会陰に触れることにあまり慣れていなくて、ましてやマッサージなんて……という女性も多いかもしれません。それでも出産時、さらに出産後のダメージを最小限にするために、安定期を過ぎたころから会陰マッサージをぜひ習慣にしてみてください（苦手に思う人は上記の2を参照ください）。このマッサージにおいても、すべりをよくして潤いとしなやかさを与えるためにオイルを使いますが、デリケートな部分なので、エッセンシャルオイルなどがブレンドされていない、ピュアなホホバオイルなどを選ぶようにしましょう」

キリトリ線

産前

case
3

脚のむくみをとりたい

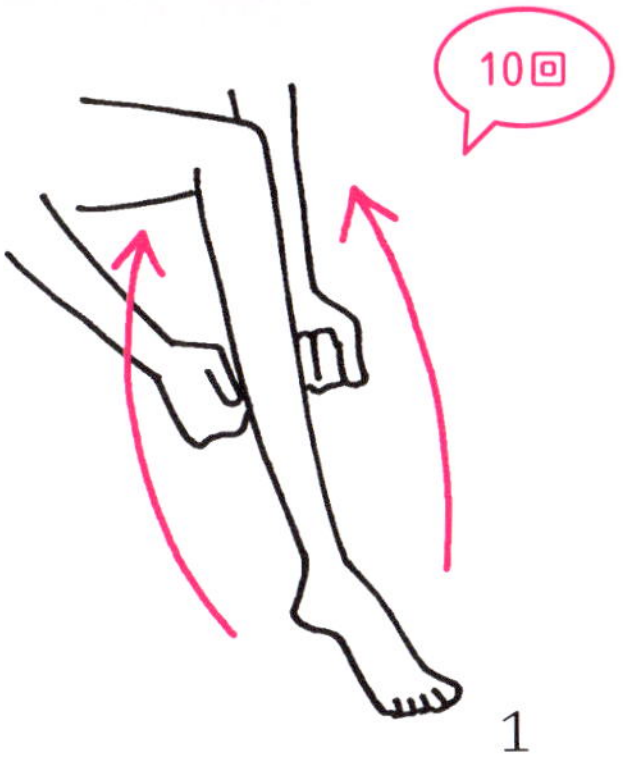

1

足首からひざに向かってマッサージ。両手をグーにして力を入れて、脚の両側をそれぞれさすり上げましょう。

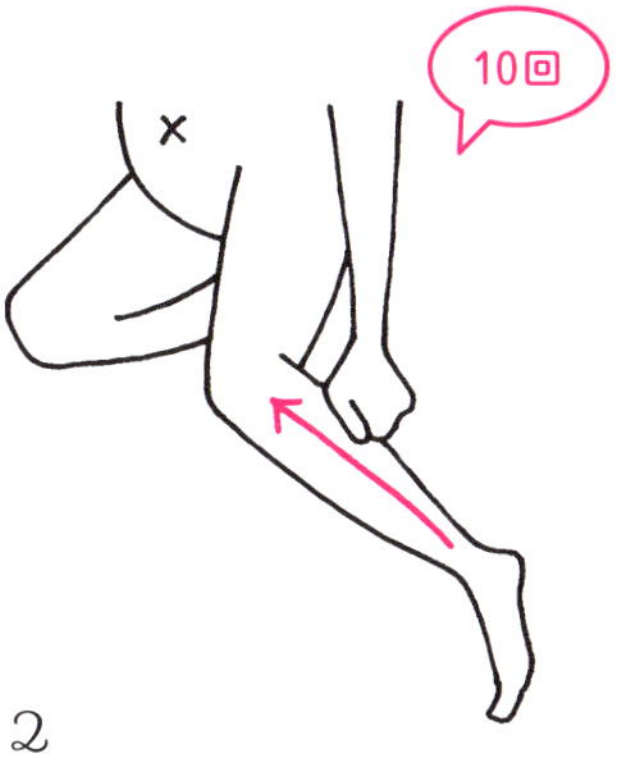

2

（お腹が大きくなったら①）横座りして片脚を横に。脚と同じ側の手をグーにしてひざ下の外側をさすり上げます。

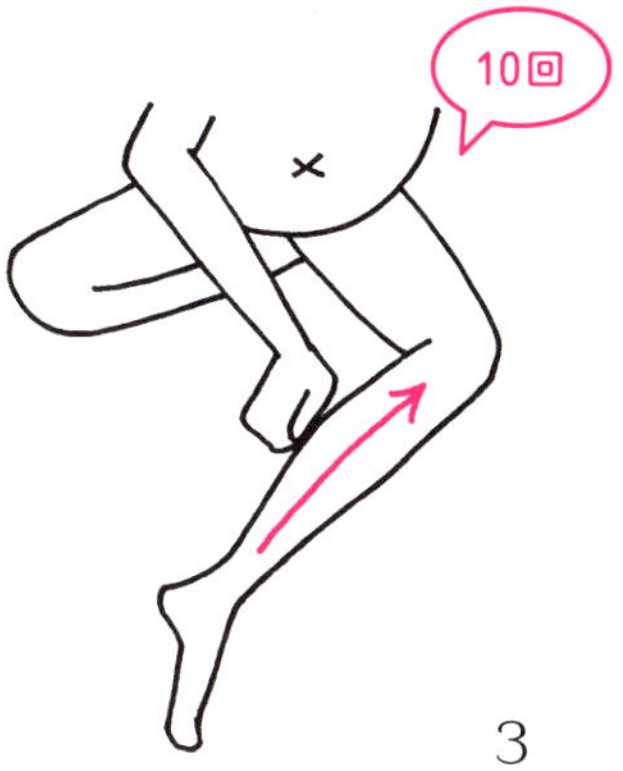

3

（お腹が大きくなったら②）あぐらをかいて片脚を前に。脚と反対側の手でひざ下の内側をさすり上げて。

お腹の大きさに合わせて対処する

「妊娠中は誰でも脚がむくみやすくなります。脚の下のほうに老廃物などが滞っているせいなので、マッサージによって血行やリンパの流れをよくすると、むくみによるだるさや重さが和らぎます。妊娠初期でお腹がまだそれほど大きくなくて足首まで両手が届くようなら、左右の手で脚をつかむように下から上へ（プロセス1）。それが大変になってきたら、手をグーにして片手でさすり上げましょう（プロセス2、3）。マッサージするタイミングは、肌が濡れていて、かつ、代謝がよくなっている入浴中がおすすめ。それ以外のときはオイルを塗ってすべりをよくすることを忘れずに。妊娠後期で手が届かなくなったら、足の裏をカッサなどでぐりぐりとほぐすだけでもラクになるはずです」

キリトリ線

case 4

産前

母乳の出をよくしたい①

（乳腺マッサージ）

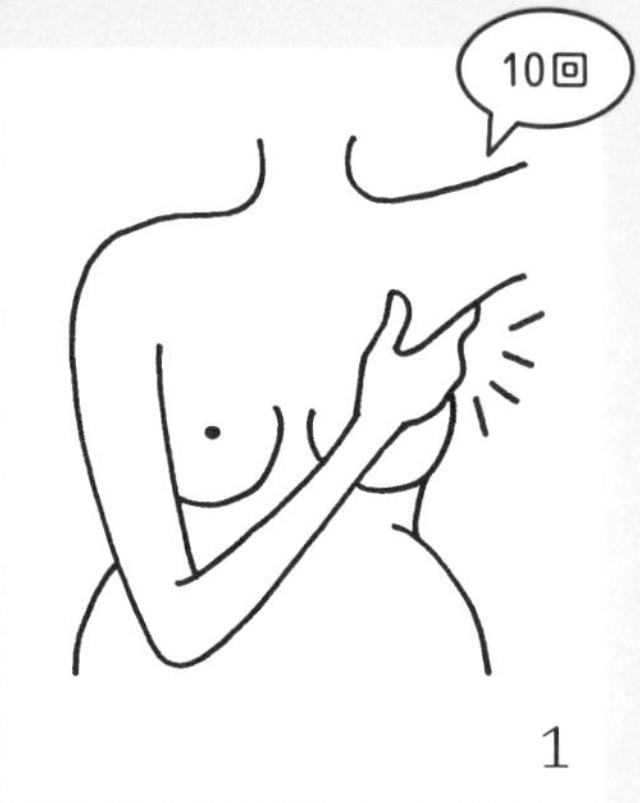

ワキの下を反対の手でつかんで優しくもみます。老廃物が詰まりやすいワキの下をやわらかくほぐす感じで。

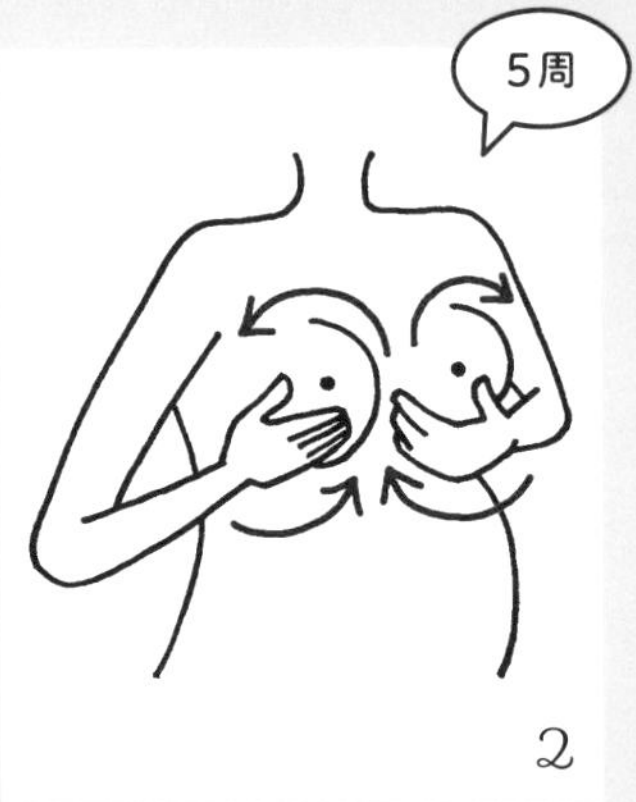

左右の胸を手のひら全体でさすって。乳首を中心にし、内側から外側へ大きな円を描くように動かします。

胸とワキをほぐしてやわらかく

「母乳の出をよくするために、出産の前からできることがいくつかあります。そのひとつが乳腺をやわらかくするためのマッサージ。妊娠８ヵ月ころから開始するのがおすすめです。ただし、胸への刺激は子宮の収縮に影響を与えるそうなので、自己判断せず、必ず医師に相談したうえで始めてください。

乳腺をやわらかくほぐすためには、胸はもちろんのこと、ワキの下も必ずおこないましょう。いずれもオイルを塗ってから、胸の場合は乳首を中心にその周囲をさすり、ワキの下の場合はもみほぐします。入浴後、妊娠線予防のマッサージをするとき、続けてこの６～７ページの乳腺と乳首のためのマッサージを習慣にするといいのではないでしょうか。

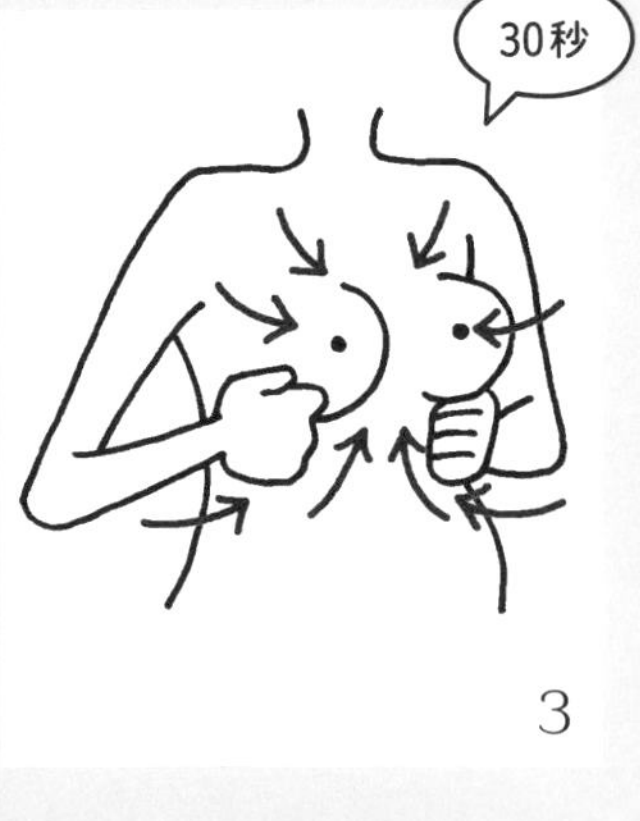

手をグーにして、胸の周囲から乳首に向かってさすります。ワキの下からもさすり上げると、さらに効果大。

キリトリ線

産前

case
5

母乳の出をよくしたい②

（乳首マッサージ）

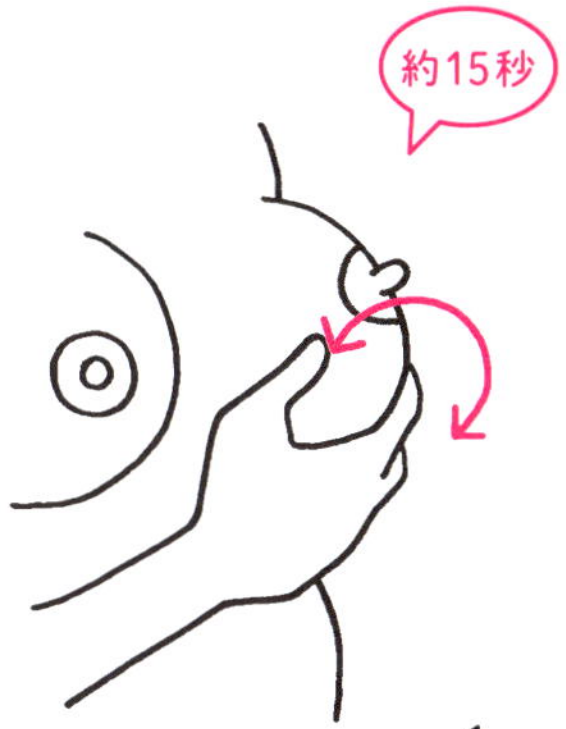

1

乳輪など乳首のまわりをやわらかくするように、指先でもみほぐします。力を入れすぎず、できるだけソフトに。

2

親指と人差し指で乳首をそっとつまみ、もみほぐします。乳首が扁平・陥没している場合は、軽く引っ張る感じで。

赤ちゃんが吸いやすいおっぱいへ

「母乳育児を順調に進めるためには、母乳がよく出るかどうかに加えて、赤ちゃんが吸いやすいおっぱいかどうかもポイントです。乳輪や乳首がしなやかであればあるほど、赤ちゃんがくわえやすく、母乳を飲みやすいそう。マッサージでやわらかく整えておくことはとても意味があるのです。乳腺マッサージと同じく、医師に相談したうえで妊娠８ヵ月以降に始めるのがおすすめです。医師のOKが出たら、お風呂上がりにオイルをたっぷりなじませ、前ページの乳腺マッサージから続けておこないましょう。私が赤ちゃんに乳首を引っ張られたり噛まれたりということがなかったのは、このマッサージのおかげだと思います。ただし、乳首を刺激することでお腹に張りを感じたら、すぐに中止してください」

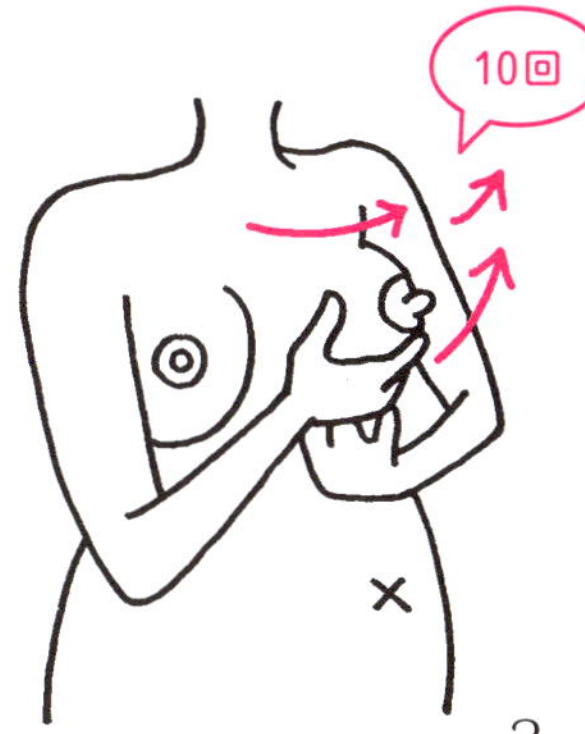

3

胸の周囲に手のひらを添え、乳首へ向かってさすり上げます。左右の手で交互に胸をしぼり上げるイメージ。

キリトリ線

case 1

産前＆産後

体に負担をかけない、立ち方・座り方・起き上がり方

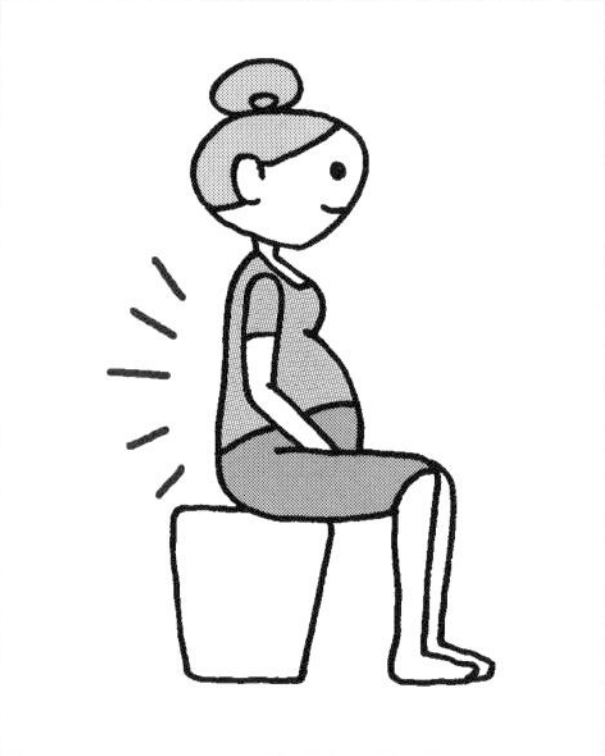

【座り方】

骨盤をまっすぐ立たせる感覚で

椅子でも、床に直に座るときでも、骨盤をまっすぐ立たせる感覚で、骨盤が前や後ろに傾かないようにお尻に力を入れます。お腹が大きいと猫背や反り腰になりがちですが、姿勢よく座るほうが腰に負担がかかりません。

【立ち方】

ひざの力を常にゆるめておく

ひざをピンッとのばして立つと、お腹を支える腰に強く負担がかかって腰痛を招く危険も。少しひざをゆるめ、腰が反らないように骨盤を立たせるイメージで、お腹を軽く引き上げて、前に突き出さないように立ちましょう。

【起き上がり方】

腕の力もきちんと利用して

ベッドや布団から起き上がるとき、あお向けのまま腹筋の力だけで勢いよく上半身を起こすのはNG。お腹にも腰にも負担がかかってしまいます。体を横向きにして前に手をつき、手で支えながら上半身を起こすことが大切です。

キリトリ線

※上記のイラストは産前のお腹が大きい状態を表していますが、産後も同様に気をつけることで、体への負担が少なくなり、回復を早めます。

産後

case
1

腰痛と肩こりがつらい

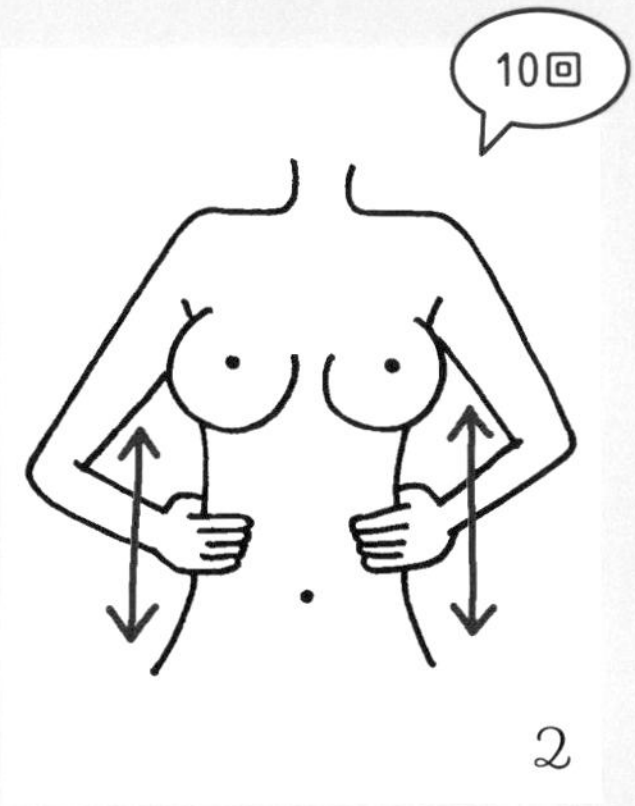

ワキの下を念入りにほぐします。体の側面をつかむように手を添えながら、ワキの下だけでなく腰の位置まで。

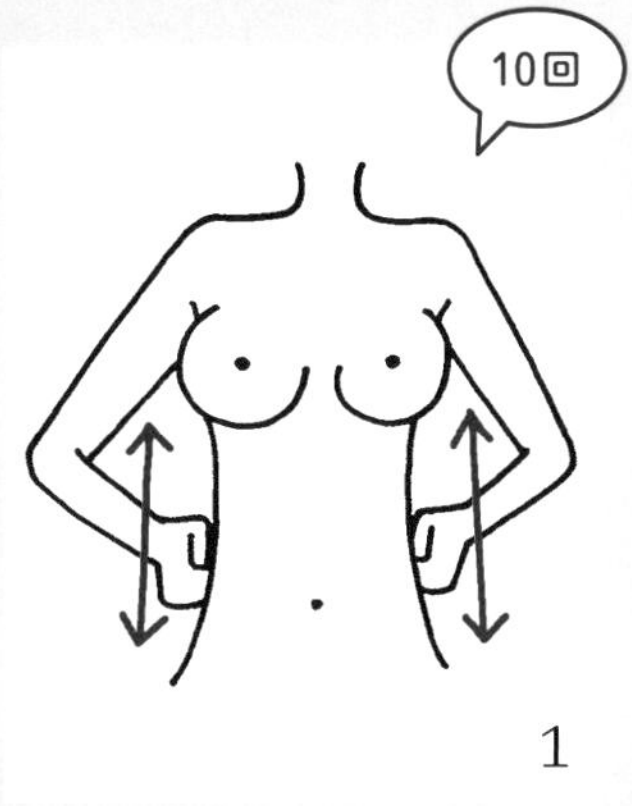

手をグーにし、ワキの下から腰のあたりまで上下にさすります。コリや詰まりをほぐすように少し力を入れて。

ワキの下の詰まりを解消すべし！

「ワキの下にはリンパ節があり、そこが詰まると老廃物が排出されにくくなります。反対にワキの下の詰まりが取れると、全身のリンパの流れがよくなって、凝り固まっていた肩が軽くなったり、負担がかかっていた腰がラクになったりします。そのため、意外かもしれませんが、肩こりや腰痛にもワキの下の詰まりを取るマッサージがおすすめというわけです。方法はワキの下から腰にかけてをほぐすだけ。出産後の体に負担をかけることなく、手軽にできるのも魅力です。すべりがよくなるよう、オイルやクリームを塗ってからおこないましょう」

キリトリ線

case
2

産後

お腹をすっきりさせたい

お腹に指先を軽く食い込ませ、時計まわりに小さな円を描くように動かします。少しずつ場所をずらしていって。

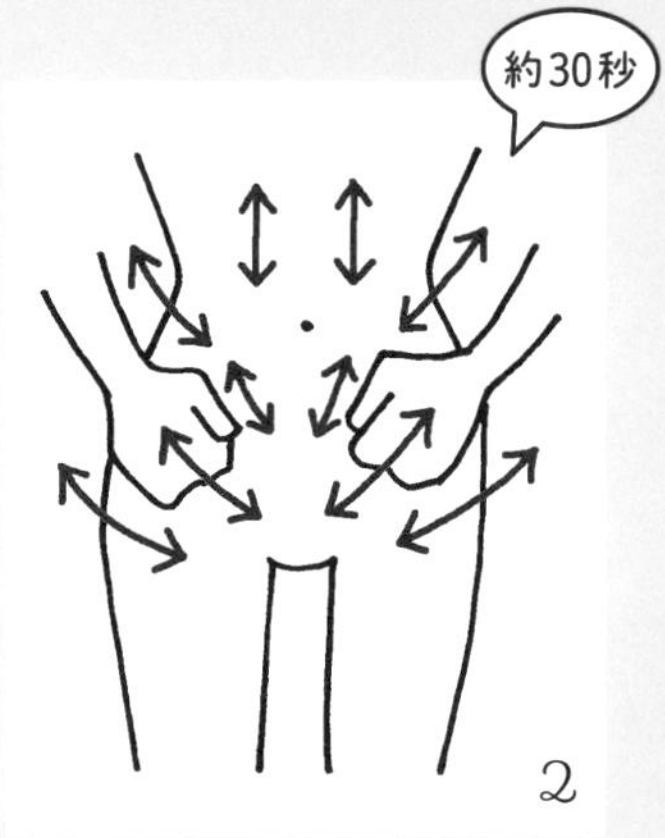

グーでお腹をグリグリ押すようにほぐします。少しずつ上下に動かしてソケイ部まで。特に下腹部に効きます。

“ほぐす＆流す”で戻りを促す

「一度大きくなったお腹は、赤ちゃんを出産したからといってすぐに元通りになるわけではありません。高齢であればなおさらです。そのため、お腹の戻りをスムーズにするため、産後もお腹にオイルを塗ってマッサージすることをおすすめします。マッサージによって、お腹をやわらかく整えたり、リンパ節のあるソケイ部に向かって老廃物を流すことで、特に下腹部がすっきりするはずです。経膣出産の場合は医師のOKさえ出れば産後１ヵ月くらいからおこなってもいいと思いますが、帝王切開の場合はお腹の傷が治るまでそれよりも時間がかかります。医師と相談してみてください。私の場合、このお腹のマッサージとともに腹筋運動を続けていたら、お腹が締まっていくのを実感できました」

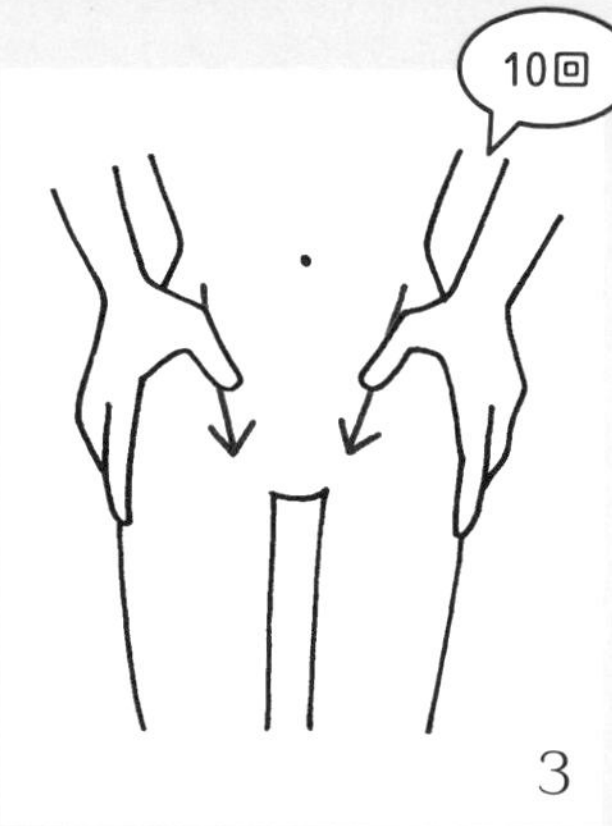

骨盤を手でつかむように添え、ソケイ部に向かってマッサージ。親指に力を入れて、ソケイ部まで流しきるように。

キリトリ線

case
3
尿もれを治したい

腰の上げ下げで下腹部を鍛える

ひざを立ててあお向けになります。両腕を床に置いたまま、下腹部やお尻に力を入れながら腰をゆっくり上げ下げします。腰を上げたときに反らないように注意し、肩からひざまでの体のラインが一直線になるように。

1

左右腹筋で
骨盤のバランスを調整

足先を何かにひっかけて上がらないよう固定し、軽くひざを曲げてあお向けに。手を頭の後ろで組んでゆっくり起き上がります。その後、上半身を左に向けたら次は右に向けてと、左右交互にひねって脇腹も強化しましょう。

2

3

骨盤周辺のゆるんだ筋肉を強く！

両足を肩幅に開いて親指をやや内側に向け、内股気味に立ちます。そのときひざをピンッと張らずに軽くゆるめ、腹筋に力を入れて骨盤を立たせるイメージで立つのがカギ。下腹部がぎゅーっと締まるような感覚を感じて。

キリトリ線

for Baby

ベビーのマッサージについて

赤ちゃんのペースで進めていくことが大切

「生まれてから1ヵ月経つころまではマッサージはおこなわず、乳液などで保湿するついでに肌をそっとなでるだけにしてください。その後、生後2〜3ヵ月くらいになって首が座ってきたら、マッサージをスタートさせてみましょう。最初は赤ちゃんもお母さんも不安かもしれませんが、体に触れるということにお互いが慣れるよう、少しずつ進めていけばいいのではないでしょうか。また、赤ちゃんが泣くなどしていやがった場合は中止して、また別の機会にトライすればいいと思います。

マッサージは子どもとの大切なスキンシップのひとつ。子どもにとってもお母さんにとっても、癒しの時間です。小学生になっても続けられるといいですね」

気をつけたいことは？

- □ スタートさせるのは、首が座ってから
- □ 空腹時、満腹時は避けて
- □ 肌トラブルがあるときはおこなわないこと
- □ 無理な力をかけず、できるだけ優しく
- □ 泣いたり、いやがったりしたら無理強いしない
- □ 赤ちゃんの肌には乳液がおすすめ
- □ 成長など不安があるときは医師に相談して

キリトリ線

case
1

ぐっすり眠ってほしい

（合計約3分）

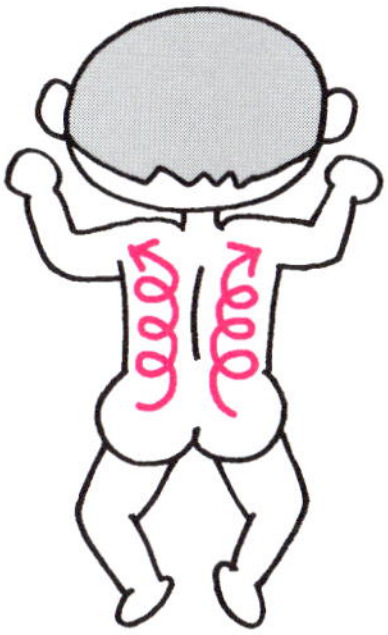

1

赤ちゃんをうつ伏せに。背骨に沿って両手で下（仙骨あたり）から上（首）へクルクル円を描くようにさすります。

2

うつ伏せができないなら、下から体を支えて片手だけで行いましょう。背中に時計まわりに大きな円を描いて。

背中マッサージで緊張をといて

「赤ちゃんが夜中に頻繁に起きたり、理由もわからずに泣いたりするとき、マッサージは効果的です。疲れや緊張を和らげてぐっすりと眠れるように、寝る前に背中をマッサージしてあげましょう。赤ちゃんはまだ体がやわらかいので、背骨に沿ってさする程度で十分。背中が反るほど強い力は必要ありませんし、かえって赤ちゃんには刺激が強いので避けてください。なお、このマッサージは赤ちゃんをうつ伏せにしておこないますが、うつ伏せができなくても可能。赤ちゃんをうつ伏せよりもやや横に向けて片手で支えてあげれば、そのまま反対の手でマッサージできます。それも難しいなら、抱っこしたまま頭皮をそっとつまむようにふれてあげましょう。力みが抜けて、寝つきがよくなるようです」

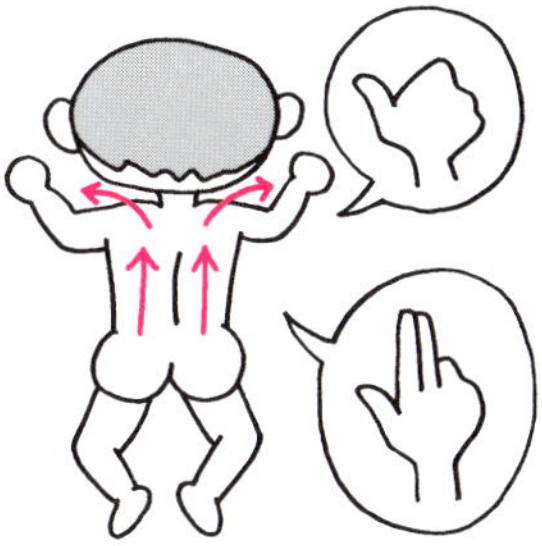

3

人差し指と中指の２本を使い、背骨に沿って下から上へさすりあげます。さらに、親指で肩を優しくほぐします。

キリトリ線

case
2

便秘を防ぎたい

（合計約3分）

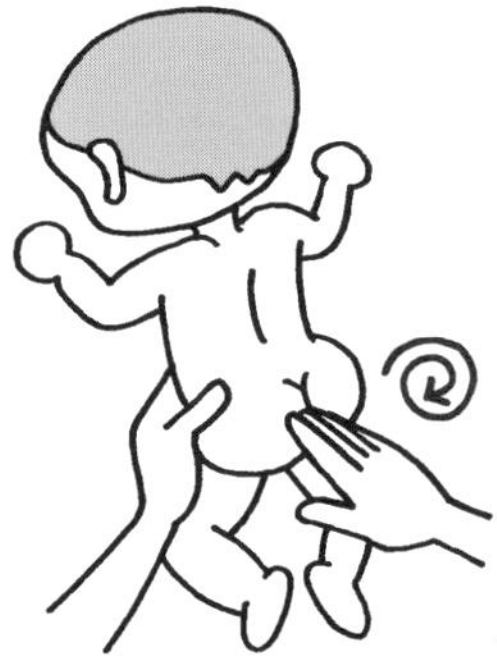

1

赤ちゃんをうつ伏せにして（または片手で下から支えて）、肛門の周辺を時計まわりに指先でそっとさすります。

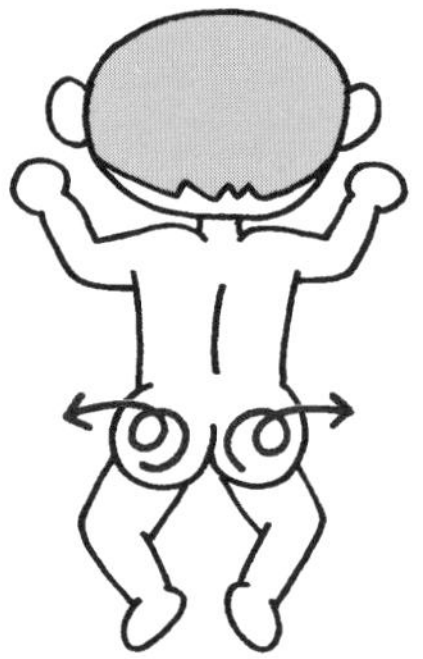

2

そのままお尻全体をさすります。お尻の左右それぞれを、内側から外側へ円を描くようにさすりましょう。

腸の働きや便意をサポートして

「赤ちゃんが便秘になると、とても苦しそうでかわいそうですし、泣きわめいたりしてお母さんも困ってしまいますよね。便秘がちな赤ちゃんは特に、普段からマッサージをしておきましょう。お腹をさすることによって腸の働きを助けてあげたり、お尻や肛門まわりを軽く刺激することで便意を促してあげたりできます。これらのマッサージは、便秘の予防になるのはもちろんのこと、まさに便秘中の赤ちゃんにもおすすめ。毎日のお風呂上がり（沐浴後）の習慣にするといいでしょう。

ちなみに、便秘対策のマッサージは離乳食が始まった後の赤ちゃんにも効果的です。離乳食がスタートした途端に便秘になってしまう赤ちゃんもいるようですが、ぜひマッサージを試しみてください」

3

最後は赤ちゃんをあお向けにして、お腹全体をさすります。おへそを中心に時計まわりに円を数回描きましょう。

キリトリ線

case
3

脳の発達を促すには

（合計約3分）

1

足の裏をマッサージします。親指を使って、足の裏全体にクルクルと円を描くようにさすってあげましょう。

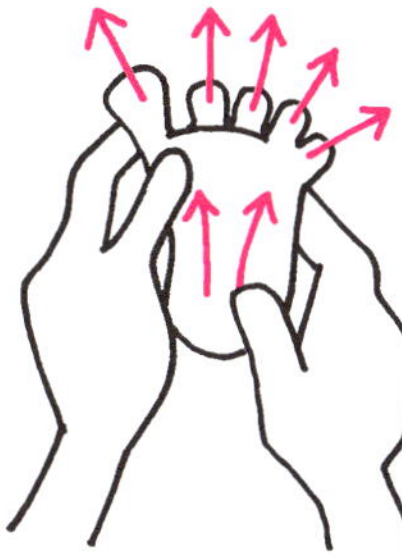

2

足裏のかかとから指先まで流すようにさすります。縮こまっている指を、一本ずつ開くようなイメージで。

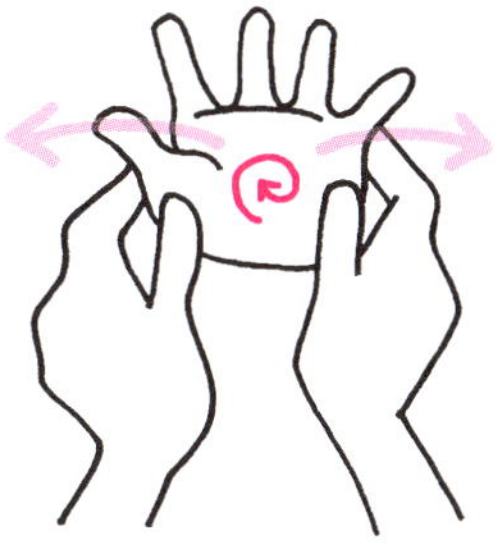

3

手のひらも円を描くようにさすります。さらに、両手の親指で、赤ちゃんの手を軽く広げるようにさすって。

手足の刺激が脳にもいい刺激！

「赤ちゃんは日々、脳の発達が目覚ましいときです。さらに、手や足など体の末端を刺激することでその刺激が脳に伝わり、脳がますます発達しやすくなるとも言われています。そこで、ぜひ足の裏や手のひらをマッサージしてみてください。ちょっとした刺激を与えてあげることができますし、全身の血流などの循環もよくなります。こちらで紹介したマッサージ法ならお風呂上がりに限らず、いつでも手軽にできるので、思い立ったときに少しでもやってあげるといいでしょう。

また、赤ちゃんの手足はとても小さいので、うまくマッサージできなくても問題ありません。そういうときは、手や足に少し触れてあげるだけでもいいでしょう。そうした触れ合いだけでも脳にはいい効果があるはずです」

キリトリ線

case
4

脚の形がキレイになるように

（合計約3分）

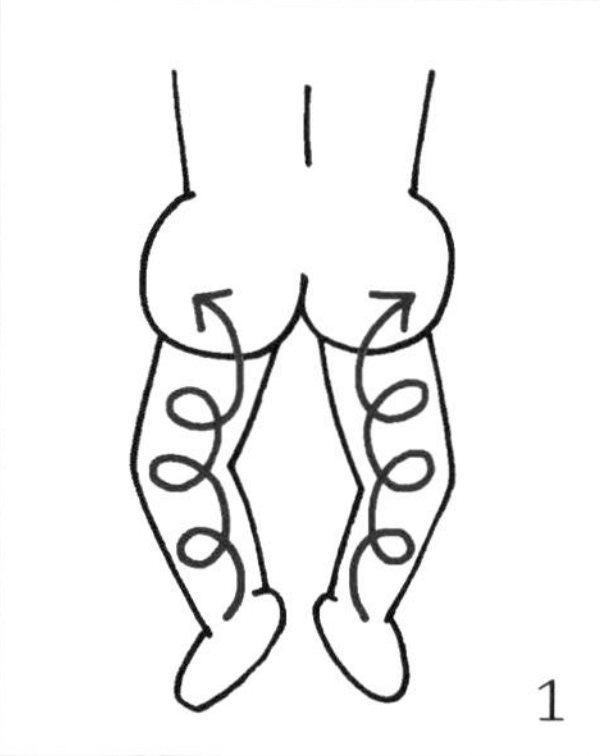

赤ちゃんをうつ伏せにして、足首から太ももにかけてさすります。指でクルクル円を描くように優しく。

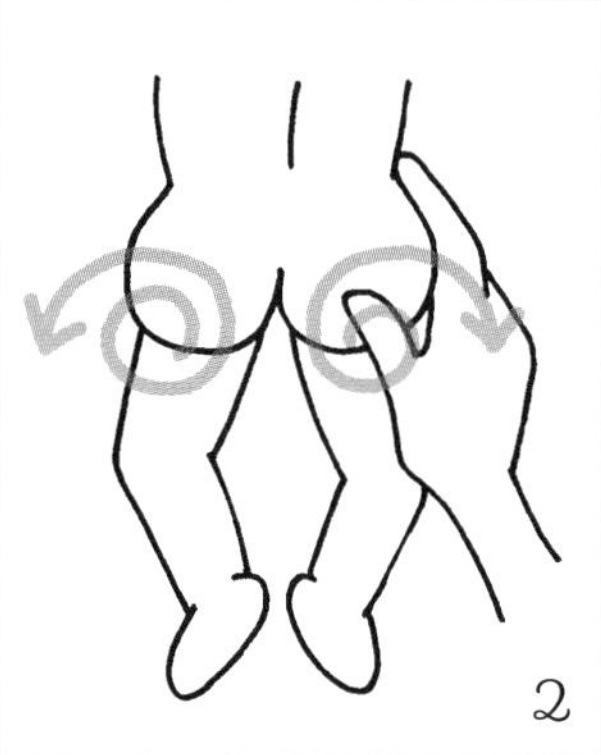

太もものつけ根からお尻にかけてさすります。1から続けておこなうことで足首からの血流などがスムーズに。

下から上へさすり上げるだけでOK

「赤ちゃんのときは脚が自然とカーブを描いていますが、成長とともにまっすぐになっていきます。そのときに、脚全体がキレイな形になるよう、マッサージしてあげてはいかがでしょうか。基本は下から上に優しくほぐすだけ。脚全体がやわらかくしなやかになり、血流が促進されることで、ゆがみのないすらっとした脚になれるというわけです。マッサージをスタートさせるのは、寝がえりができるようになったころからがおすすめ。それよりも前に開始したいなら、3のマッサージだけでも十分です。なお、マッサージするとき、赤ちゃん本来のカーブした脚を無理にまっすぐ伸ばしてしまわないように注意しましょう。発達の過程で自然とまっすぐ伸びていきますので、安心してくださいね」

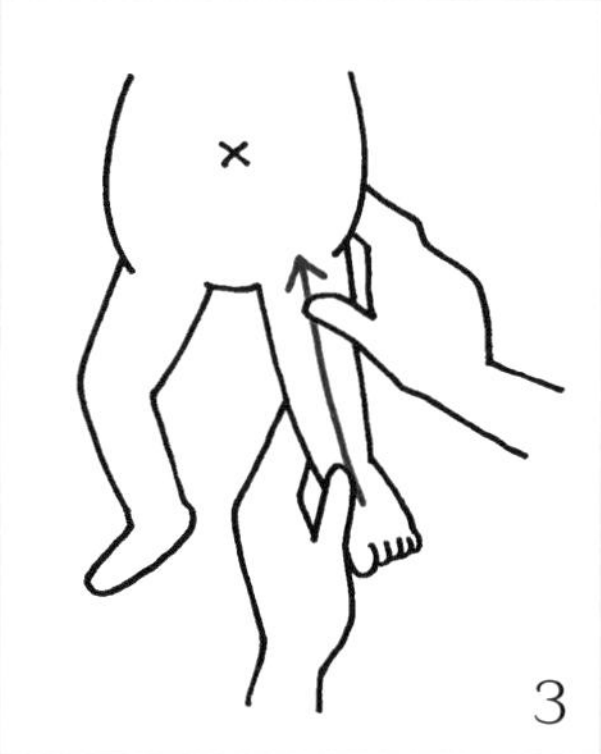

赤ちゃんをあお向けにし、脚全体を下から上へマッサージ。脚をつかむようにして親指でさすり上げて。

キリトリ線

43歳、
最高の出産

楽しい妊婦生活&
安産のためのアドバイス47

髙橋ミカ

監修

アベニューウィメンズクリニック院長
福山千代子

管理栄養士
新生暁子

講談社

これから産みたい人、これから産む人へ

私が妊娠したのは、42歳のときでした。予想していなかった妊娠に当初は戸惑いと不安でいっぱいでした。でもその後、楽しいマタニティライフを送ることができ、43歳で無事に出産しました。婦人科系のトラブルを抱えるなど、妊娠とは無縁だと諦めかけていた私が、どうしてこのように幸せな時間をもてたのだろうと振り返ったのがこの本です。

思い起こせば、体のためにと日々気をつけていたことが実は妊活になっていたのかな？　生まれてくる子どものためにそれまで以上に生活の中で工夫をしたからなのかな？　など、あらゆることが積み重なった結果なのではないかと

思っています。そこには、食事、運動、入浴、ボディケアなどの美容全般ほか、気持ちのもち方や考え方、友人との出会いなども含まれます。

その中から、皆さんの参考になりそうなもの、役に立ちそうなものを厳選しました。そして、専門的な見解が必要な点については、アヴェニューウィメンズクリニック院長で産婦人科医の福山千代子先生、管理栄養士の新生暁子さんのお話を入れて、より正しい情報をお伝えできるようにも努めました。

ここに書かれていることを実践すれば高齢でも妊娠できる、こうすれば安全な出産ができる……この本はそういうことをお約束するものではありません。妊娠、出産は本当に人それぞれだと思います。でも、私にとって最高の妊婦生活と出産をかなえられたのは、これらの結果なのも確かです。妊娠を望んでいる方、または妊娠中の方が、「43歳のひとりの女性の例」としての私の経験をもとに、自分ならではの素敵な妊娠&出産を迎えられることを願っています。

目次

ママとベビーのためのお悩み別マッサージ

for Mama

for Baby

妊娠するまで

妊娠初中期（～妊娠7ヵ月）

出産まで（妊娠8ヵ月〜）

出産（〜出産後）

※掲載商品の価格はすべて税別です。また、商品価格は2016年10月現在のもので、今後変更される場合もあります。
※掲載商品の問い合わせ先は142ページを参照ください。また、一部の商品は著者の私物で、現行の商品と違う場合があります。

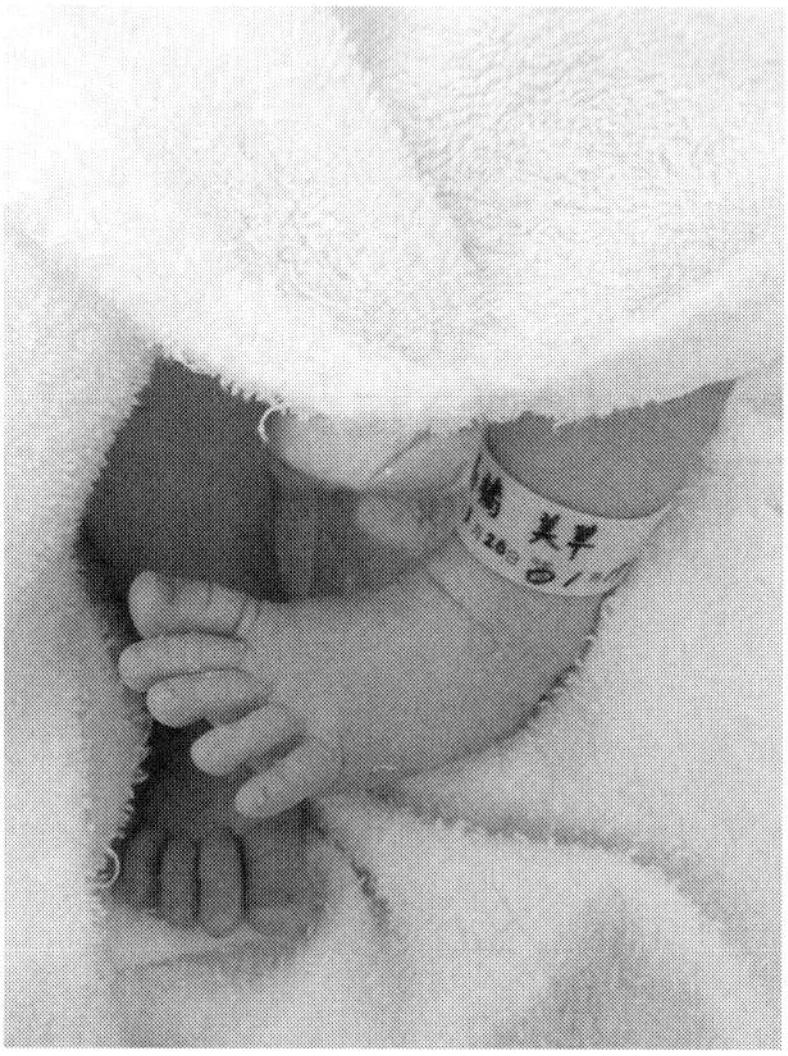

妊娠がわかったときのこと

もともと生理が不順だったり、婦人科系にずっと問題を抱えていました。だから、生理がなかなかこない日が続いても、「私は生理不順だからな……」くらいにしか思っていませんでした。ただ、ここ数年は食事に気をつけたり、体を温めたりすることで生理不順はほとんど改善されていました。なので、「もしかして私、生理終わっちゃった？　更年期突入？」と不安でいっぱいでした。友人から「妊娠してるんじゃないの？」と言われたのですが、まさか自分が妊娠できたとは信じられず、スタッフに「一応、妊娠検査薬で調べたほうがいいですよ」と言われて、調べてみることに。そして陽性の印を見たときも、まだ信じられない気持ちでいっぱいでした。つわりのような症状もいっさいなく、少し胸が張ってるかな、太ったかなというくらいしか、体の変化としては感じていなかったからです。

「子どもはいつかほしいな」くらいには思っていましたが、42歳という年齢のこともあるし、生理も長年不安定でしたし、まさか自分が妊娠できるとは想像もしていなかったのです。でも、かかりつけの婦人科へ行ってエコーで赤ちゃんの姿をはっきり確認し、心臓が動いている音を聞いたら、どんどん気持ちが高ぶってきて……ようやく「本当にお腹に赤ちゃんがいるんだ！」という事実を受け入れられました。そして、先生に「とても順調に育っていますよ。この年齢で自然妊娠したのは奇跡とも言えるくらいだから、体を大切にしてくださいね」と言われたのです。その瞬間、自分の中に芽生えた命の重みを感じました。病院を出た後、歩道で涙が止まらなかったのを今でも覚えています。

妊娠という事実は、喜びと同時に、戸惑いや葛藤も私を襲いました。今の仕事はどうしたらいいのか、産休中のお客さまへのフォロー、本当に自分が母親になれるのか、この命をどうやったら守っていくことができるのか、などものすごく不安になったりもしました。

でも、「子どもはお母さんを選んできてくれる」と言われました。つまり、まさにこの命が私を選んでくれ、そのタイミングが今だったということ。そう思ったら、何とも言えない感動があったのです。そして、スタッフも友人も、たくさんの人たちが温かい言葉で応援してくれました。そこから、お腹の赤ちゃんのために、できる限りのことは何でもしようと前に進めたのです。

もちろん、そう決意したからといって、すぐに母性が目覚めてくるわけもなく、妊娠初期はお腹の中に赤ちゃんがいるという感覚を強く感じることも正直、ありませんでした。それでも、栄養をきちんと摂ろう、運動をしよう、マッサージをしよう、などと赤ちゃんのために何ができるかをいろいろと模索し、何でも取り入れるようになったのです。そして、妊娠という事実は、私にとって自分の人生を考え直すきっかけともなりました。

妊娠がわかってからお母さんになっていくまでの過程は、これまで体験したことがない、かけがえのない時間でした。こうした、出産に向けての一歩一歩によって、私は「お母さん」になっていったような気がしています。

妊娠するまで

今振り返ると、「これが妊娠につながったのかもしれない」と思いあたることがいくつもありました。きちんとした食生活や冷え対策など、女性として健康な体作りを日々心がけたことが、結果、妊活になったのだと思っています。

1

ホルモンバランスが整う！
〝湯ぶね足湯〟

冷えを感じやすかった私は、体を芯から温めるために半身浴やゲルマニウム温浴などをおこなっていました。家でできるゲルマニウム温浴的なものとして、足湯もお気に入りでした。**湯ぶねにひざがつかるくらいのお湯（42〜43度）をはります。縁に腰かけて、足先からふくらはぎまでを15〜30分しっかり温めます。体の末端を温めるだけで血行がグンとよくなり、全身の冷えが和らぐのです**。特にうれしかったのは、足がむくみにくくなったこと、女性にとって大切な下腹部が冷えにくくなったことです。

そんな足湯をさらに効果的にするために味方につけたいのがアロマオイル。ホルモンバランスを整えるゼラニウムやローズマリーのオイルを数滴垂らしてその香りを嗅ぐことで、女性ホルモンにアプローチできます。冷え対策が目的でしたが、足湯を習慣にしていたことは、妊活の一歩になっていたのかもしれません。

Cosmetic

ローズマリーのアロマオイルを

フィトサンアローム ローズマリー・シネオール 10ml ¥2400／ナチュールヴィヴァン

2

一年365日！
シルク腹巻を欠かさない

女性にとって大切な子宮や卵巣などは下腹部にあります。そこが冷えると生理不順や生理痛になりやすいため、**年間を通してシルクの腹巻（P133）で下腹部を温めていました**。「え、夏も？」と驚かれるかもしれませんが、いくら暑く感じていても、冷房や冷たい飲み物のせいでお腹だけ冷えていることは少なくないのです。下腹部が温まると女性ホルモンのバランスが整うようで、肌が明るくなるという効果も実感していました。

ちなみに、便秘のお客さまのほとんどは下腹部が冷たいのです。**お腹のマッサージのほか、腹巻をして下腹部を温め、腸をしっかり働かせることが大切**です。腸は第二の脳とも呼ばれ、冷えて腸の元気がなくなると老化が加速すると言われています。若々しい体で妊娠を待つためには、下腹部を温めることが欠かせません。腹巻の素材はシルクがおすすめです。保温や保湿効果に優れているほか、蒸れにくくて一年中使いやすいのです。

3

中からもあったため！

ショウガ粉末入りスムージー

外からだけでなく内側からも体を温めるために、食にも気をつけていました。夏でも冷たいものは飲まない、といったことのほか、とにかく手軽で続けていたのはショウガの摂取。ショウガは体を温める食材として有名ですが、刻んだりおろしたりするのが面倒で挫折しがちです。その点、私が愛用している粉末タイプは手間いらずなんです。

毎朝、**旬の野菜や果物でジュースやスムージーを作っていたので、そのときに必ず、ショウガの粉末をティースプーン1〜2杯入れていました。**そのおかげで、「朝から体が冷えちゃってつらい」ということはめったにありません。また、お湯にハチミツを入れ、そこにショウガ粉末を入れるだけというときもありました。いずれにしても、粉末だからかショウガの風味はそれほど強くは感じず、気軽に使えることもあって美味しく継続できています。もちろん、こういった方法だけでなく、刻んだショウガを普段のお料理に入れたり、おろしたショウガを薬味として加えたり、ということでもいいと思います。

ショウガで血流を促して体温アップ！

「体を温めるということは、一時的にぽかぽかと感じられればいいということではありません。根本的に体温を上げて、その状態をきちんと保つことが大切なのです。そのために継続的にショウガを摂ることはいいですね。ショウガには血流を促す働きがあるので、摂取を続けることで、血行のいい温かい体へと導いてくれます。すりおろしたショウガを紅茶に入れたり、刻んだショウガをご飯に混ぜたり、続けられる方法で毎日の生活に取り入れてみましょう。ちなみに、人間は食べることによって熱を産生しますから、冷えが気になる人はまず、一日3食、きちんと食べることが重要です。ダイエットなどで食事を抜いたり、朝ごはんを食べなかったりすると体が冷えやすくなってしまうので注意しましょう」（管理栄養士・新生暁子さん）

Hint

冷たい飲み物はNO！

冷蔵庫でキンキンに冷やしたドリンクや、冷えた水を飲むと、体を内側から冷やしてしまうので常温orホットを習慣にしましょう。食事のときやサプリを飲むとき、半身浴をするときも。

4

妊活の基本です！
生理トラブルは放置しない

私はもともと生理周期が乱れやすく、生理のときに激しい痛みもよくありました。そうした症状がいつものことだと慣れてしまい、つい放置してしまう女性は少なくないと思います。まだ妊娠や出産を意識していないときならなおさらです。でも、そういう生理トラブルが女性の体にとっていいはずはありません。私もこのままではいけないと思い、婦人科に通って3年間ほどピルで治療をしていました。その後、仕事で女性ホルモンについて勉強する機会があり、ピルだけに頼るのではなく、自分の力で体をきちんと温めることが大切だと感じるようになったのです。そこで、自宅では腹巻やチェリーピロー、サロンではインディバを味方につけて、お腹を中心に常に温めるように意識しました。生理トラブルは完全になくなったわけではありませんが、女性として健康な体＝妊娠しやすい体へと変化していったのでは？　と思います。

Hint

正常な生理周期って?

周期は25〜45日、出血が3〜7日間。この範囲内であれば正常です。女性ホルモンはストレスなどでバランスがくずれやすいため、生理がいつもきちんと同じ周期でこなくても大丈夫。

治療をしないと、妊娠しにくくなる危険も

「生理不順の原因は、排卵障害、黄体機能不全などいろいろあります。ホルモンの分泌やバランスなどどこかに異常があるということなので、妊娠できるかどうかにも影響があります。また、生理痛の原因はいくつか考えられ、子宮内膜症もそのひとつですが、子宮内膜症の人の7割は不妊というデータもあります。つまり、生理不順や生理痛をほったらかしにすることは、病気の発見や妊娠を遠ざけている可能性があるということ。妊娠を希望しているかどうかにかかわらず婦人科で相談をし、ピルをはじめとする薬などで治療をしましょう。ちなみに、『生理不順なんです』と病院を訪れる患者さんの中には、『生理周期が28日にならない』『スマホのアプリのお知らせ通りに生理がこなくて……』などと言う人が珍しくありません。でも、それは生理不順ではない場合も多いんです。生理周期というのは意外と幅広く、25〜45日周期で定期的に生理がきていて、基礎体温から推測して排卵があるようなら、生理不順とは言いません。過敏になる必要はありませんが、不安に思うことがあれば、婦人科をぜひ受診してください」(アヴェニューウィメンズクリニック院長・福山先生)

5

妊活↓いい腸が必要？

腸内環境を整える食生活へ

健康と美容にとって腸は重要な器官。免疫機能にも大きく関係すると言われています。ですから、**妊活としてはもちろん、健康な体を保つために腸内環境を整える「腸にいいもの」を摂りましょう**。たとえば私の場合、乳酸菌のサプリメントや青汁（P134）を毎日摂るようになってから、本当にお通じがよくなりました。また、栄養が豊富で食物繊維も多く含む、スーパーフードと呼ばれるチアシードやアサイー（左ページ参照）などをヨーグルトに混ぜて食べたりもしています。

「こんなにいろいろ摂らないとダメなの？」と心配する必要はありません。バランスのいい食事に、ヨーグルトなどの腸内環境を整えてくれるものをちょっと意識して摂ればいいのではないでしょうか。何事もそうですが、続けなければ意味はありませんし、続けることがストレスになっては元も子もありません。

Hint

スーパーフードとは?

ビタミンやミネラル、アミノ酸などが一般の食品より多い、そのバランスにすぐれているなど、栄養価が高いとされる食材。抗酸化力が高いことが多く、健康と美容の面で注目されています。

妊活の第一歩は、そもそも女性として真に健康な体を目指すことだと思うのです。ストレスなくできる範囲で腸内環境を整えていきましょう。

乳酸菌は種類が多く、なんと相性が!

「〝腸の状態は健康のバロメーター〟と言われるほど、腸内環境を整えることはとても重要です。腸内細菌のバランスを整える代表的なものは乳酸菌ですね。でも、乳酸菌とひと言で言っても多くの種類があり、実は相性というものがあります。しかも、どの菌がどの人に合うかは継続しないとわかりません。しばらく続けたうえで、体調、肌、お通じなどにどういう影響があるか確認してみましょう。また、青汁は食物繊維が豊富で大腸を掃除する働きがありますし、アサイーはビタミン類や鉄、食物繊維などを含んでおり、抗酸化力に優れています。どれも腸内環境を整えるのに役立つものばかりです。そして、チアシードも食物繊維のほかに必須脂肪酸、必須アミノ酸をはじめ多くの栄養素を含んでいます。ただし注意してほしいのは、チアシードの種子は水できちんと戻すこと。そして、戻した種子は歯でつぶすように食べましょう。そのまま飲み込んでは、せっかくのスーパーフードの効果を得られません」(新生さん)

6

ジュース＋生！
朝食には、必ず旬の果物を

朝食には手作りのジュースやスムージーを摂ることが多いのですが、そのほかに季節の果物も必ず食べています。旬のものは美味しいというのはもちろん、その季節ならではの果物を楽しむことはビタミンCなどの栄養面を考えても大切だと思っています。また、朝の体に新鮮なものを取り込んで、その日一日をフレッシュな気分で始めたいということもあります。

かつては朝食をお手製のジュースだけにしていたこともありました。でも、それを飲んでいるだけでは「噛む」という行為がないことに気づいたのです。現代人の食事はただでさえよく噛まなくてもいいやわらかいものが増え、噛まないことによって唾液の分泌が減ったり脳への刺激が減ったり、という悪影響があると言われています。そして、噛むことは、アンチエイジングやダイエットにも効果があるとも。そこで、私はジュースやスムージーに加えて果物を食べるようにしたのです。

果物の糖質によって、脳も体も活動できる！

「旬の果物の魅力と言えば、やはり、ビタミンCや食物繊維が豊富だということ。さらに脂質やタンパク質が少なく、糖質が多いこともポイントです。糖質は悪者にされることが多いのですが、とても大切な栄養素のひとつ。脳が活動するためのエネルギーになり、グリコーゲンに合成されて筋肉のエネルギー源にもなります。つまり、朝食に果物を食べることで、一日中しっかり動ける体になれるというわけです。体をきちんと動かせる機能を日々の食によって整えることは、妊娠するためには重要です。そして、赤ちゃんを待つ期間だけではなく、その後もぜひ継続してください。出産後、子どもと一緒に人生を楽しく過ごすためにも」（新生さん）

7

トラブルがなくても
妊娠予定がないうちから婦人科へ

30歳を過ぎたころ、婦人科でチョコレート嚢胞《のうほう》（※）と診断され、薬で治療していたことがあります。その当時は、妊娠を意識していたわけではありませんが、婦人科系に問題があるということは、私は赤ちゃんができにくいのかもしれない、と自覚していました。どんな病気が妊娠や出産にどう影響を与えるのかは、私は医師ではないのでもちろんわかりませんが、病気の有無に関係なく、気になることがあったら婦人科の医師に相談すべきだと思っています。

私は、この病気をきっかけに婦人科に通うようになり、その後も生理不順の相談をするようになったことが、結果的に妊娠につながったと思っています。**妊娠予定や妊娠希望がある人もない人も、定期的に婦人科へ行くことをおすすめします。自分の体の状態を知っておくことは、健康のためにも、いつか赤ちゃんを迎えるためにも大切なはず**です。

一年に1度の検診が大切です

「下腹部の痛み、生理時の痛みや出血の多さなどが気になる方は、必ず婦人科で診てもらいましょう。子宮内膜症や子宮筋腫は、そのタイプや状態によっては妊娠や出産に影響があるかもしれません。また、婦人科系のトラブルを自覚していなくても、一年に1度は検診を受けましょう。卵巣の病気はひどくなるまで気づきにくく、また、クラミジアなどの感染症は不妊の原因になりやすいといったこともあります。特に高齢になるほど子宮内膜症や子宮筋腫が多い傾向があり、妊娠や出産に何らかの影響を与える場合が少なくないのです」（福山先生）

※チョコレート嚢胞について……チョコレート嚢胞とは、卵巣の内部に発生する子宮内膜症の一種。20〜30代で発症しやすい。

Column

1

高齢妊婦にとってベストなのは？
私の産院選び

妊娠検査薬で陽性と出て、まずは、生理不順の治療などで普段からお世話になっている婦人科へ行きました。そこであらためて妊娠を確認し、出産できる病院をいくつか紹介してもらったのです。健診に通いやすいところ、先輩ママが出産したところなどいろいろあったのですが、決め手になったのは高齢出産が多いかどうか。やはり高齢での妊娠や出産にはリスクがともないやすいので、高齢出産に慣れているところが安心かなと思ったのです。

実際、その産院では高齢だからと特別扱いされることもなかったし、たまたまですがリニューアルしたばかりのためとてもキレイだったし、出産まで気持ちよく通うことができました。また、自然分娩では有名とのことで、好きな体位で分娩ができるフリースタイル出産をおこなっているのも魅力でした。出産時に使う薬や立ち会いなどについての「こうしたい」という自分だけのバースプランにも、可能な範囲で対応してくれるのです。

出産時は、陣痛中のサポートも手厚くて本当にありがたかったです。看護師さんの手際がいいだけでなく、アロマオイルをたいてリラックスさせてくれたり、足湯しながらマッサージしてくれたりと、かなり助けられました。

高齢だと、助産院や個人産院では受け入れてもらえない場合があったりして、選択肢が限られてがっかりすることもあるかもしれません。でも、むしろ高齢出産の人が多いという産院もあります。産院に何を求めるかは人によって異なると思うので、できるだけ多くの情報を集めて比較し、きちんと納得して決めたいものですね。

Topic
1

アヴェニュー
ウィメンズクリニック院長
福山先生

ピルについて知っておきたいこと

実は妊娠中絶が多い日本

子宮内膜症などの治療でピルが使われることがありますが、婦人科系トラブルがなくてもピルを処方することはできます。ご存知の通り、ピルは経口避妊薬ですから、望まない妊娠にならないように使うのです。

女性の中には、未婚であったり、結婚してもパートナーと2人だけの時間を楽しみたかったり、キャリアを考えて今はまだ妊娠したくなかったり……など、いろいろな理由で妊娠を望まない方もいることでしょう。そういう方は、ぜひピルに頼ってほしいと思います。日本はピルを毛嫌いする傾向が強く、避妊のためにピルを飲むことを拒む人がとても多いのです。それが影響しているのか、日本での人工妊娠中絶数は、年間約18万件。先進国の中でもかなり多いほうなのです。欧米では母親が子どものころからピルの効用を教えるといった性教育がごく一般的ですから、そこが日本との大きな差なので しょう。望まない妊娠にならないよう、ピルを飲むのは特別なことではないと知ってほしいと思います。

副作用の心配をする人も多いですが、今は低用量ピルならそれもかなり軽減され、太るなどの心配はほとんどありません。また、ピルは女性ホルモンに作用して排卵が起こらないようにする薬なので、ＰＭＳ（月経前症候群）などに体調が振り回されることが少なくなります。もちろん、妊娠を希望するときはピルの服用を中止すればいいだけで、ピルを中止した後も妊娠しにくい状態のままということはありません。むしろ、子宮内膜症などの悪化を抑制できるため、いつか妊娠を望む人にはおすすめと言えます。

妊娠初中期

〜妊娠７ヵ月

お腹の中に赤ちゃんがいることがわかってからは、最高の出産のために最善を尽くそう！　とがんばりました。でも、初めてのマタニティライフを楽しむことも心がけていたので、そうした努力は特に大変ではありませんでした。

8

朝ごはんの主役は「葉酸・鉄分・食物繊維」

妊娠がわかってから、お腹の赤ちゃんの成長のために、まず何よりも気をつけるようになったのが栄養面です。特に朝食では、葉酸と鉄分、食物繊維を意識的に摂るようにしました。朝の定番メニューがジュースだったため、葉酸を多く含むと言われる青い葉物類をメインに、ジュースを作って飲んでいたのです。ジュースのベースは青汁（P134）で、そこにケール、ほうれん草、サニーレタスなどを日によってブレンド。少しでも飲みやすい味に調えるため、りんごやレモンなども混ぜていました。さらに、鉄分豊富なドライプルーン、食物繊維たっぷりなチアシードなど妊婦に特に必要な食材もプラス。いろいろな栄養素を効率よく摂取するようにしていました。手作りのジュースは大変そうと思われるかもしれませんが、バイタミックスなどのブレンダーやミキサーさえあれば簡単。体にいいできたてのジュースは、クセになること間違いなしです。

先天性の疾患を防ぐために

「妊娠を希望する人や妊娠初期の人は、一日480μgの葉酸を摂ることが厚生労働省から推奨されています。葉酸とはビタミンB群のひとつで、ブロッコリー、モロヘイヤ、いちご、納豆、レバーなどにも含まれます」（新生さん）

「妊娠初期に葉酸が不足すると、お腹の赤ちゃんが成長する際に二分脊椎症など先天性の疾患を招く危険があります。妊娠を希望する人は妊娠する前から葉酸を積極的に摂るといいでしょう。多く摂れば効果が高くなるというわけではないので、サプリメントなどは〝摂取の目安〟と記された量で十分です」（福山先生）

葉酸、カルシウム、鉄、ビタミンB群など妊婦に大切な栄養素を摂取できるサプリメント。ピジョン 葉酸カルシウムプラス 60粒 ￥1480／アヴェニューウィメンズクリニック

9

体重管理のために
白米は「そのまま」食べない！

実は私、虫歯ゼロで、骨折をしたこともありません。母が私を妊娠中に小魚を積極的に食べていたと聞いていたので、そのおかげではないかなと思っています。だから私もカルシウムをきちんと摂ろうと思い、妊娠中は、**白いご飯に「煮干し粉」をかけるのを習慣に**していました。また、白米の栄養価を高めるため、**玄米を半分くらい混ぜる**こともありました。玄米は食物繊維が豊富で便秘対策として摂りたい食材なのですが、消化はよくないので、吸水時間を1～2時間とたっぷりとり、なるべくやわらかく炊き上げるようにしています。

体重があまりに増えすぎた時期は、**ご飯を炊くときに糸こんにゃくを刻んだものを混ぜ、そのぶん白米の量を減らした**こともあります。全体的な量は変わらずに満腹感を得ることができ、さらに糸こんにゃくはローカロリーなので、体重増加にブレーキをかけることができたと思います。妊娠

Food

煮干し粉を活躍させて

片口いわしの煮干しをパウダー状に粉砕したもの。ご飯に限らずなんにでもかけられる。／参考品

中に気をつけたい栄養の摂り方や体重コントロールなどの数々の対策として、白いご飯のちょっとしたアレンジ、おすすめです。

玄米や糸こんにゃくは体重管理の味方！

「煮干し粉は確かにカルシウムが豊富なのでおすすめですが、ご飯がより美味しくなるせいで、つい食べすぎてしまわないように注意しましょう。また、玄米を混ぜるのもいいですね。食物繊維を摂取できるため、妊婦に多い便秘の対策になります。白米に比べて噛みごたえもあり、自然とよく咀嚼するようになるので、満腹感を得やすく、結果的に食べる量が減る効果も期待できます。体重が増えすぎた人にはうれしいでしょう。糸こんにゃくはカロリーがほとんどないのですが、グルコマンナンという栄養を含んでいます。この食物繊維は満腹感を与えてくれたり、デトックス効果があったりするため、これを白米に混ぜてかさを増やせば、太りすぎを防ぐことができます」（新生さん）

「妊娠初期には、白米のにおいが苦手になるなど〝つわり〟に悩む方も少なくありません。その原因はよくわかっておらず、高齢だからなりやすいということもないようです。そんなとき、『赤ちゃんのためにご飯を食べないと！　栄養を摂らないと！』とがんばる必要はありません。お母さんが食べられなくても、ほとんどの赤ちゃんはすくすく育っています。赤ちゃんのことより、むしろお母さんが脱水症状やビタミンB欠乏症になってしまうほうが心配です。つらいときは迷わず医師に相談しましょう」（福山先生）

10

〝妊婦の持病〟① 便秘

「毎日ちょっとの腸活」が最強

妊婦はものすごく便秘しやすいと聞いていたので、妊娠がわかってからも腸活は続けていました。妊娠前から飲んでいた**乳酸菌のサプリメントのほか、発酵系の健康食品を摂ることを毎日の習慣に**したのです。また、**食物繊維が豊富なものを意識して食べること、水分をできるだけたくさん摂ること**。これらのことを毎日意識するようにしました。この「毎日ちょっとの腸活」で、お通じがスムーズになり、妊娠中は一度も便秘でつらい思いをすることはありませんでした。もし便秘に悩んでいるようなら、ぜひ試してみてください。それでもなかなか解消できない場合は、がまんすることなく医師に相談してみましょう。妊娠中でも安心して服用できる便秘薬があるそうです。また、お腹のマッサージは便秘対策としてもとても効果があります。でも、妊娠中はやみくもにやるのは危険ですから、必ず医師に相談してからおこないましょう。

妊娠中の便秘は黄体ホルモンのしわざ

「妊娠中は、それまで便秘知らずだった方でもお通じが滞ってしまうことがあります。妊娠を維持するための黄体ホルモンが大量に分泌されるからです。このホルモンは、腸が活発に動かないようにして、食べ物を長時間とどめる働きがあります。その間に栄養を吸収して体にため込もうというわけです。つまり、妊娠中に便秘になりやすいのは誰にとっても自然なこと。食事の工夫はもちろん、もしなってしまったら、産婦人科で相談して妊婦にも安全な下剤などを処方してもらうといいでしょう」（福山先生）

上：54種類の植物性原材料を発酵・熟成。万田酵素プラス温ペーストタイプ(2.5g×31包)￥6000／万田発酵　下：乳酸菌酵母菌40種類の善玉エキス入り。バームス A-9(1.5g×30本)￥5000／アヴェニュー六本木クリニック

11

若くても高齢でも関係ない

妊娠線を防ぐには「オイル」

妊娠線ができないようにするには、保湿とマッサージを続けること、それしかありません。これは若い妊婦でも高齢の妊婦でも変わりありません。肌が乾燥していたり、柔軟性がなかったりすると、お腹が大きくなるにつれて皮膚が伸びるのに耐えきれなくなり、線ができてしまうのです。私は妊娠前までは夜のお風呂上がりにだけボディケアをしていました。でも、妊娠したら肌がカサつきやすくなったような気がして、お腹が大きくなり始めるころから朝もケアすることにしたのです。

使用するアイテムは、妊娠線予防の専用品でなくても、手持ちのボディ用保湿アイテム（ミルク、クリーム、オイルなど）でいいと思います。これから購入予定なら、**オイルタイプがおすすめ**です。**広い範囲にのばしやすいし、指すべりがよくなってマッサージもしやすいし、肌がしっとりしてやわらかくなるし、いいことばかり**なのです。私は、香りの異なるボディオイルをいくつか揃え、気分によって使い分けていました。ただし、妊娠中には不向きなアロマ（ジャスミンやラベンダー、ローズやゼラニウムなど）もあるため、店頭では必ず妊婦であることを伝えましょう。

基本的には円を描くようにお腹全体をやさしくマッサージすればＯＫです（マッサージカードＰ３）。ただし、お腹が大きくなってくると**おへそから下は自分で見えにくくなっていきます。ですが、その部分こそ妊娠線ができやすいところ**。抜かりなくマッサージしてください。もちろん、ヒップや太もも、ひじやかかとなど、どこをケアしても問題ありません。全身にオイルを塗るのが苦手な人もいるようですが、私はオイルにクリームを混ぜて、少し軽い感触にしたりしていました。

上：マッサージも美肌ケアもできる万能なオイル。ビオオイル アルガンオイル 50ml ￥3500／メルヴィータジャポン
中：天然の純植物エキスオイル。水分代謝もサポート。ボディ オイル“アンティ オー” 100ml ￥7400／クラランス
下：低刺激な天然植物油なので敏感肌でも安心。エムズコスメ マッサージオイル 100ml ￥4500／ミッシーリスト

12

〝妊婦の持病〟② 腰痛

腰痛になりにくい生活とは？

妊娠初期のころ、食事の量に関してまったく意識していませんでした。むしろ、妊婦だから大丈夫、という発想でいつも以上に食べていたら5kgくらい一気に体重が増えてしまい、お腹が大きくなるにつれて腰がつらくなってきました。このまま慢性的な腰痛になったら困ると思い、ちょっとしたことですが、腰に負担をかけない生活を心がけるようになりました。

たとえば、**立っているときは猫背になったり反ったりせず、ひざを少しゆるめる**こと。ベッドや布団から起き上がるときはあお向けのまま勢いで上半身を起こすのではなく、**体を一度横向きにしてから手をつき、ゆっくり起き上がる**こと。**座っているときはお尻にぎゅっと力を入れておく**こと、などです。お腹に変に力を入れてしまう心配もありません。いずれもピラティスの先生に教えてもらったことで、腰への負担が和らいで本当にラクになります（マッサージカードP8）。

13

産む力をつけたい！
出産に効くエクササイズとは？

妊娠の経過とともに、体を動かす機会が減っていき、このままではいけないと思って、ヨガ、ピラティス、ウォーキング、マタニティビクスを並行してやるようになりました。もちろん、すべてをやる必要はないですが、それぞれ効果が異なるので、**筋力をつけたいのか、体力がほしいのか、柔軟性をつけたいのか、体重を減らしたいのか、といった悩みや目的によって、好きなものを取り入れてみましょう**。ヨガでは体が伸びるようなポーズがとても心地よく、ピラティスでは出産に必要な動きや呼吸法が身につき、マタニティビクスのＤＶＤでは全身を動かす有酸素運動で汗をかき……と私はどれも楽しみながら、出産のための体作りができました。

ただし、妊娠初期はやらないほうがいい、お腹が張ったらやめたほうがいい、この動きはやってはいけない、など注意すべきこともあります。必ず医師とインストラクターに相談して、無理のない範囲で続けましょう。

Goods

運動量はかなりハード!

マタニティビクス・ステップアップ編（エクササイズDVD）¥3500／日本マタニティフィットネス協会

14

〝妊婦の持病〟③　むくみ・つり

ギアを使ったマッサージを

妊娠中は体がむくみやすくなるため、入浴中は必ず脚をマッサージしていました（マッサージカードP5）。最初は手でおこなっていましたが、**お腹が大きくなるにつれて足先などに手が届きにくくなり、マッサージローラーやカッサなどのギアを利用する**ことにしたのです。これがものすごく便利で、難しいテクニックなしでギアをすべらせるだけ。誰にでも簡単にできて、むくみ対策としてきちんと効果が得られるので、悩んでいる人にはかなりおすすめです。

また、妊婦は脚がつりやすいと聞いていたのですが、それを防ぐためにも効果的だったと実感しています。妊娠5〜6ヵ月ころに1回つっただけで、それ以降はまったくつらなかったのです。あまりむくみを感じない人でも、足のつりを予防するため、そして血行促進のために習慣にしてみてはいかがでしょう。

Hint

カッサはどう選ぶ?

いろいろなタイプが発売されていますが、持ちやすさやマッサージ効果に違いがあります。握りやすいか、肌の上をすべらせやすいか、あたりが気持ちいいか、などを見きわめて選んで。

老廃物を流し筋肉を柔軟に

「妊婦は体に水分をため込もうとする傾向があります。そのため、とてもむくみやすくなるので、マッサージで老廃物の流れをよくするのはいいことですね。また、妊娠中は〝こむらがえり〟と呼ばれる、脚のつりに悩まされる人も少なくないでしょう。筋肉の収縮によるものですが、ホルモンのせいなのか、お腹が重いための運動不足のせいか、その原因ははっきりとはわかっていません。でも、こわばりやすい筋肉がマッサージによって柔軟になれば、脚のつりを防げる可能性は高いと思います。力を入れすぎない、妊婦に向かないアロマオイルを使わない（購入時に必ず確認を）などに気をつければ問題ないと思いますが、マッサージローラーやカッサを使用するときは、かかりつけの医師に相談してからにしましょう」（福山先生）

15

ホルモンの影響だから
紫外線対策は抜かりなく！

妊娠初期は、ホルモンバランスに変化があるせいか、透明感や自然な血色感が出たり、ハリを感じるようになったりと、肌がキレイになって驚いたのを覚えています。妊娠6ヵ月くらいになるとそれも落ち着き、大きな肌トラブルなどの変化もありませんでした。そのため、妊娠してからずっと、それまで通りのスキンケアを続けていたのです。

その後、妊娠中はシミができやすいと聞いてからは、それまでの紫外線対策を見直すことに。たとえば、SPF30くらいだった**普段使いの日焼け止めをSPF50のハイプロテクションのものにする、UVカット効果に優れた帽子やアームカバーを利用する**、というように徹底的に紫外線から肌を守るようにしたのです。さらに重要なのはアフターケアです。いつもよりたくさん紫外線を浴びちゃったなという日は、その日のうちに美白マスクなどで落ち着かせ、しっかり保湿に励みました。そのかいあってか、とりわけ美白ケアに力を入れていたわけでもないのに、シミが増えたり濃くなったり、もっと大きくなったりということはありませんでした。

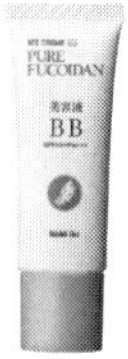

Cosmetic

SPF50+、PA+++の日焼け止め

エムズコスメ ニューピュアフコイダン 美容液BBクリーム 20g ¥2700／ミッシーリスト

マタニティ期間はシミが増えやすい

「妊婦はエストロゲンという女性ホルモンの影響を受けて、妊娠前と同じお手入れをしていても、シミが増えたり濃くなったりする方がとても多いのです。大きな理由としては、紫外線に対してメラニンが反応しやすくなるためです。乳首や陰部、お腹の線などの色が一時的に濃くなることもあります（出産後には落ち着くのでご安心を）。また、妊娠中に顔や背中にニキビができてしまう方もいれば、湿疹ができてかゆみに悩まされる方もいます。いずれもつらいようでしたら、無理にがまんすることなく、産婦人科や皮膚科で相談しましょう。適切な治療や薬を処方してくれます」（福山先生）

16

食べるなら体にいいおやつを

小魚、干し芋、くるみ、大豆、ドライフルーツ

体重増加が気になるだけでなく、なるべく体にいいものを食べたいという気持ちがあり、小腹がすいたときでも甘いスイーツは口にしませんでした。もっともよく食べていたのはアーモンド小魚。小魚は手軽にカルシウムを補給できますし、アーモンドはビタミンEが豊富だし、とても魅力的なおやつというわけです。ほかに、干し芋なら食物繊維、くるみならビタミンE、大豆なら（P135）タンパク質を摂取できます。なんとなく甘みが恋しいときは、ミネラル豊富なドライフルーツが重宝しました。お気に入りは、プルーン、あんず、いちじくなどです。栄養面はもちろん、満足感もかなり高いので、常備しておくといいと思います。

ちなみに、くるみはおやつとして活躍するほか、細かく砕いてサラダや白和えなどにかけるのもおすすめです。黒酢やオリーブオイルなどに混ぜれば、香ばしく歯ごたえのよい即席ドレッシングにもなります。

Hint

つわりのときは食べられるものを

栄養を摂ろうとして食べたくないものを無理に口にする必要はなく、おやつでもなんでも食べられるものを少しずつ。つわりが落ち着いてから、栄養面を意識して食事をすればOKです。

栄養豊富ですが、食べすぎには注意！

「砂糖が多く含まれる清涼飲料水や、塩分が多くカロリーも高い市販のスナック類は、妊娠中でなくてもあまりおすすめできません。〝小魚、干し芋、くるみ、大豆、ドライフルーツ〟は、妊娠中のおやつとしては、どれも栄養価が高くていいですね。ただし、栄養を摂ろうとするあまり、たくさん食べすぎないように注意しましょう。どれもカロリーが低いわけではないので、間食のたびに満腹になるほど食べていたら、体重が増えすぎてしまう危険性があります。また、つわりなどで食事があまり摂れていなくても、こういうおやつなら食べられるという方もいると思います。その場合は、少量を何回にも分けて食べる、という方法を試してみるといいでしょう」（新生さん）

Column

2

メンタルが不安定になったら
親友トークで前向きに

妊娠がわかったときは42歳、出産予定日には43歳。高齢であればあるほど、生まれてくる子どもに先天性の病気があるリスクが高いことは知っていました。そして、それらのうちのいくつかは、出生前診断によってその確率がわかることも知っていました。検査をするべきか、かなり悩みましたが、「年齢のことを考えたらしたほうがいい」とアドバイスされ、ギリギリで予約を入れました。ところが検査当日、親友のお母さまのお葬式が重なり、病院へ行けなかったのです。しかも「翌週では遅すぎる」と言われ……。

高齢での妊娠、出産はリスクの面ばかり注目され、私たち妊婦の側もどうしたってそれを重く受け止めざるをえません。でも検査が受けられなかったからといって、自分がおおらかにかまえていないとお腹の赤ちゃんにも悪い影響を与えてしまうのでは？　と逆に吹っ切ることができて、「楽しい妊婦生活を送ろう」「自信をもって赤ちゃんを迎えられるよう、体にいいことを何でもしよう」と考えを変えました。その前向きな気持ちは、お腹の中にいる赤ちゃんにずっと伝わっていたはず、と思っています。

そうはいっても、安定期に入るまでは不安な日々もありました。いつどんなトラブルがあるかわからないと怖くなったり、育てていけるのかと急に悩んだり。さらに、この不安そのものがストレスとなって体によくないのではないかと落ち込んだり……。そんな自分を常に支えてくれたのが、多くの友人や一緒に働くスタッフです。「大丈夫だから」「フォローするから」と声をかけてくれ、それが何より心強く、また前向きになれたのです。

Topic
2

アヴェニュー
ウィメンズクリニック院長
福山先生

何もかもダメというわけではありません
妊娠中の薬について

年を重ねるにつれ、常用している薬があるという方は多くなってくるのではないでしょうか。そうした方が妊娠したときに、「赤ちゃんのために薬はよくない」と勝手に服用を中止しないようにしましょう。主治医に相談し、止めるべきか、ほかの薬に替えるかなどの判断をあおぎましょう。

持病の薬のほか、妊娠がわかる前に市販の頭痛薬や風邪薬を飲んでしまっていたという場合も心配になりますよね。まずは医師に相談してみるほか、病院によっては、妊娠中の薬について相談できる専門外来を設けているところがあるので、利用してみてはいかがでしょうか。

　また、妊娠がわかってから風邪を引いたときなどに、「薬が飲めなくて……」と言いながら、〝気合〟だけで治そうとがんばってしまう方がいます。でも、体調が悪いときは無理せず医師に相談してください。妊婦が服用しても大丈夫な薬、または漢方薬などを処方してくれます。あるいは、症状や体調次第では「これくらいなら薬を飲まずに体を休ませて」といったアドバイスをされる場合もあると思います。もちろん、市販薬も自己判断で飲んだりせずに、必ず医師に相談しましょう。

　ちなみに、妊娠中の予防接種ですが、必ずしも厳禁ではありません。たとえば、インフルエンザが大流行しそうなときなどは、あえて予防接種をおすすめする場合もあります。妊婦にとってのメリットとデメリットを考え、そのバランスで予防接種するかどうかを決めるのです。産婦人科以外で予防接種を受けるときは、必ず妊婦であることを伝えましょう。

出産まで

妊娠8ヵ月〜

いよいよ妊婦生活も残りわずか。お腹が大きいことによる苦労もあれば、それによる幸せも感じられるとき。そんな毎日を満喫しながら、赤ちゃんを迎えるために本格的に準備を進め、体も心も万全にしてお産に備えたいものです。

17

このタイミングがはじめどき

乳腺、乳首、会陰のマッサージ

出産するときに会陰が裂けてしまう人がいると聞き、それを防ぐために妊娠8ヵ月くらいから毎日、オイルを使ってマッサージを続けていました（マッサージカードP4）。会陰をやわらかくしなやかにしておくことで、出産時に皮膚が伸びやすくなり、切れにくくなるのです。

また、妊娠後期になったら乳腺や乳首のマッサージもスタートしました（同P6、7）。いずれも、出産後の授乳のためです。乳腺が凝り固まっていると母乳の出が悪くなるそうで、胸やワキの下などをほぐしていました。そして、赤ちゃんが飲みやすいように、乳首をやわらかくしておくことも大切。乳首や乳輪がかたいと、赤ちゃんがうまく吸うことができないからです。切迫早産ぎみでなければ乳腺マッサージは妊娠8ヵ月ころからでも大丈夫ですが、乳首マッサージは子宮を収縮させ、早産につながる可能性があるので、8ヵ月すぎ以降にしましょう（いずれも医師と相談を）。

自分のためにも赤ちゃんのためにも！

「年を重ねるにつれ、会陰のしなやかさは失われ、出産時に伸びにくくなります。つまり、高齢の妊婦さんほど切れやすくなる可能性が高いということです。反対に、やわらかくて伸びやすい会陰なら、たとえ切れたとしても小さな傷ですみます。会陰の傷が大きい場合は表面だけでなく中まで切れたりして、その痛みなどが原因で出産後の生活にも支障が出ます。会陰マッサージは、慣れないと難しいかもしれませんが、ぜひやっておくといいと思います。また、乳腺や乳首のマッサージも大切です。出産前から少しずつ準備しておくことで、母乳の出や赤ちゃんの吸いつきは変わってきます。ただし、早産などの危険がある方はマッサージを避けるべきです。どのマッサージも開始時期を医師に相談してからおこないましょう」（福山先生）

18

胎動を感じ始めたら〝おはよう〟〝おやすみ〟のマッサージ

お腹の中で赤ちゃんが動くのを実感できるようになったら、マッサージを通してコミュニケーションをとっていました。朝は「おはよう」と言いながらお腹をマッサージ。夜も「おやすみ」と言ってマッサージするのです。お腹にオイルを塗って時計回りに手のひらでやさしくさすっているだけなのに、赤ちゃんが気持ちよくて喜んでいるような気が伝わってくるのです。もちろん、朝晩に妊娠線予防のマッサージをしている人なら、その流れでお腹の赤ちゃんに声をかけるといいでしょう。

さらに、**毎日お腹に触れることで、その大きさや張りなど、小さな変化を知ることができます**。お腹の赤ちゃんを感じることで、自分がおだやかな気持ちになれる感覚も心地よいものでした。もちろん、マッサージしなくてもお腹の赤ちゃんに話しかけるのは、お母さんにとっても赤ちゃんにとってもいいことだと言います。マタニティの期間だけの楽しみですね。

19

母乳のため体のため……

赤ちゃんのことを考えた飲みもの

妊娠中は、カフェインやアルコールを控えるなど、飲み物ひとつにも注意する人は多いでしょう。もちろん私もそうでした。いろいろ試しましたが、**妊娠8ヵ月くらいからずっと気に入って飲んでいたのはたんぽぽ茶**です。**ノンカフェインでお腹の赤ちゃんにやさしいのはもちろんのこと、母乳がよく出るようになる**という話を聞いたからです。体を冷やさないようにホットで飲んでいましたが、香ばしくてとても飲みやすいので無理なく続けられます。

また、ハーブティーも頻繁に飲んでいました。ドイツのマリエン薬局というネット通販のお店には、妊婦さん向けのもの、授乳対策のもの（P135）などがいろいろあり、安心して飲めるものが揃っています。出産が近づいてきてからは、母乳の出がよくなるというハーブがブレンドされたお茶に替えて、出産後に備えていました。

Drink

母乳のためにいいお茶

たんぽぽの根を焙煎。牛乳や砂糖をプラスしても美味。クレヨンハウスなどで買える。／参考品

20

塩分もカロリーも
おうちごはんで体重増加にブレーキ

外食は塩分やカロリーが多くなりがちです。そのうえ外食後は体が重い気もしたので、夕ごはんは可能な限り自炊するように心がけていました。実際、忘年会シーズンを終えて家で夕ごはんを食べるようにしたら、妊娠後期にもかかわらず体重の増え方がゆるやかだったのです。

私のおうちごはんは、**和食が基本です。タンパク質は主に鶏肉で、あとは野菜をたくさん摂るようにしていました。**玄米を混ぜたご飯に、蒸し鶏、ほうれん草のおひたし、豆苗や豆もやしのサラダなどが好きでよく作っていました。また、具だくさんのうどんもよく食べました。うどんは玄米などに比べて消化がいいうえに調理も簡単で、鶏肉のほか、野菜、きのこ、わかめなどいろいろな具材をトッピングすれば、栄養がしっかり摂れるのも魅力です。あとは、塩分の摂りすぎを防ぐため、しょうゆやみそは控えめに、だしをしっかり効かせた薄味を心がけました。

塩分の過剰摂取は妊娠高血圧症候群をまねく

「妊娠中に塩分を多く摂ると、妊娠高血圧症候群になりやすく、お母さんもお腹の赤ちゃんも危険になることがあります。そのため、妊婦は塩分の摂取量に気をつけましょう。しかも、妊婦は体内にため込もうとする作用が強いため、意識して塩分を控えめにすることが大切です。高齢の妊婦はなおさらです。特に外食は、塩分摂取が多くなりやすいので注意しましょう。なるべく自炊をするようにして、だしを味方につけた和食などで美味しく乗り切ってください。ちなみに、塩分の摂取しなさすぎもリスクがあることを覚えておきましょう。体内の塩分が不足すると、めまい、ふらつき、食欲減退、脱力感、精神障害などがあらわれる可能性があります（妊婦の一日の食塩摂取量は、非妊娠時と変わらず7～8g未満）」（新生さん）

21

シルクの腹巻＋骨盤ベルトと着圧ソックスで快適

妊娠前から愛用している**シルクの腹巻**。**妊娠後期になってもお腹を冷やさないために、毎日欠かしませんでした**。いくらでも伸びるような薄手でやわらかな素材のため、臨月のお腹につけてもまったく苦しくありません（P133）。また、サロンでマッサージをするときは、立ちっぱなしだったり中腰になったりと、お腹の大きい体には負担があったので、仕事のときは骨盤ベルトと着圧ソックスにも頼っていました。**骨盤ベルトはつけているだけで腰が安定するようで、腰痛を防ぐことができるのです。着圧ソックスは脚のむくみ対策**として、ひざ下までのタイプを使っていました。

こういった機能的なインナーは、妊婦用のものがたくさん発売されています。もともと持っているもので十分な場合も多いので、妊婦用を購入しないといけないわけではないと思います。うまく活用して、体がつらくなってくる妊娠後期を快適に過ごしましょう。

22

体のコリ、こわばりに 肩甲骨をほぐす！

お腹が大きくなってくると、お腹をかばおうとしてつい前かがみになってしまう人が多いようです。背中が丸まっている姿勢が続くと、肩甲骨の動きが悪くなり、さらには**背中や肩まで凝り固まり……ワキの下のリンパも詰まりやすくなってしまいます。コリ自体もつらいですし、そんな状態では出産後の母乳の出に悪い影響があるかも？　と思い、妊娠8ヵ月を迎えたあたりから肩甲骨をやわらかくほぐす努力をしました**。

私が実践していたのはお風呂上がりのストレッチポール。ポールに背中を沿わせるようにあお向けになるだけです。これだけで胸が自然と開き、背中や肩がほぐれ、肩甲骨の動きがスムーズになりました。あお向けになるのは短時間で十分なのですが、**あお向けになるのがつらい人、ストレッチポールがない場合は、肩をこまめにまわすように心がけるだけでも全然違うはずです**。

23

リラックス&代謝アップに
ぬるめの「全身浴」を

妊娠前におこなっていた、ゆったり長い時間半身浴をする、湯ぶねにつかった後に水を浴びてまた湯ぶねにつかる、という温冷入浴法などがつらくなり、**ぬるめのお湯に肩までつかる「全身浴」を短い時間でおこなうようになりました**。髪や体、顔を洗う時間を含めてもせいぜい30分程度です。お風呂に入るのが億劫なときでも短時間、お湯につかると血行がよくなり、翌朝のすっきり感がまったく違います。「お腹の赤ちゃんもきっと気持ちいいに違いない」と思って続けていました。

湯ぶねにつかる時間が短くても欠かさなかったのが脚のマッサージです。お湯につかりながら、妊娠中にむくみやすい脚をマッサージローラーでほぐします。また、自分ひとりのリラックスタイムとして読書もしました。お風呂でのゆったり読書など、出産後しばらくはできそうにないことをしておくのも妊娠中の今のうち。今振り返っても、いい時間でした。

24

名前が決まったら「呼びかけマッサージ」

実は妊娠8ヵ月ころには赤ちゃんの名前を決めていました。「名前は親があげる最初のプレゼント」と言われますが、まさにその通りではないでしょうか。ベストな名前をプレゼントしたくて、まずは宮沢りえさんに相談しました。そこであがった名前について、音や漢字、字画などを、フォーチュンアドバイザーのイヴルルド遙華さんにアドバイスしてもらいました。

名前を早めに決めたことで、とてもいいことがありました。それは、まだお腹にいる赤ちゃんを名前で呼んであげられることです。名前を呼びながら、話しかけたりマッサージしたりできるのです。名前が決まっていなかったときに比べ、**名前が決まってからの「呼びかけマッサージ」は、それまでにないほど心おだやかな気持ちになり、本当に愛しい気持ちでいっぱいになりました**。「赤ちゃんの顔を見てから決めたい」といったこだわりがなければ、早いうちに名前をプレゼントするのもおすすめです。

25

「出産力」のラストスパート

ヨガやピラティスはできる範囲で

お腹が大きくなり、だんだん体を動かすのがつらくなってきても、できる範囲で運動は続けるといいと思います。私の場合は、ストレッチをメインとしたリラックス系のヨガには、週1ペースで通っていました。負担がかかっている腰をラクにしながら、出産に向けて開きはじめている骨盤を締めつけないポーズなど、妊婦ならではのメニューがお気に入りでした。

ピラティスでは出産に向けて内転筋などを鍛えていたのですが、特にやってよかったと思ったのは、ピラティスならではの呼吸法を教わったこと。基本は、**鼻から吸って空気を肺に入れ、お腹をへこませるように口から吐き出します。体に新しい空気をたくさん取り込むことができて、続けることで代謝が上がるほか、出産時に上手にいきむことができるようになるそうです**。私は結果的に帝王切開で出産しましたが、呼吸法を知っていたことでどこか安心して出産を迎えられたように思います。

無理のない運動で安産につなげて

「ヨガやバレエの先生は安産の人が多いという印象があります。おそらくしなやかな筋肉がついていて、日々のレッスンで体力もあり、それらが出産時に効果的に働くのではないでしょうか。つまり、ある程度の筋肉はあったほうがいいのはもちろん、出産にはかなりの体力が必要なので、軽めの運動を続けて筋力と体力をつけておくのはとてもいいことだと思います。また、ミカさんが教わったように呼吸によるリラックス方法を知っておくのもおすすめです。陣痛が落ち着いているときに自然と全身の力を抜くことができて、そのぶん体力を消耗しなくてすむという利点があります。いずれにしても、妊娠の前期から続けている運動であっても、後期になったらあらためて、切迫早産の危険がないかなど医師に相談しましょう」（福山先生）

26

自己判断は禁物！
元気だからと油断しない

妊娠初期に感じていた眠気。中期には落ち着いていたのですが、妊娠8ヵ月ごろになって再び、すごく眠くなってきました。夜7〜8時間ほど寝るほかに、日中も1時間ほど昼寝をしないと眠くて耐えられないのです。お腹が大きくなって疲れやすくなったとか、体が出産に備える態勢に入ってきたとか、そういったことが関係するのかもしれません。

それ以外は体調のいい日が続いていたので、妊娠8ヵ月のとき、仕事のために飛行機で福岡を訪れたのです。でも、フライト中にお腹の違和感や圧迫感などがあり、ちょっと心配になりました。自分では元気で調子がいいと思っていたのに、やはり出産が近づいてきたら油断できないと感じたのです。高齢ならなおさらです。自己判断したりせず、**いつまで仕事するか、飛行機に乗ってもいいか、旅行は大丈夫か、どれくらい動いていいいか、などを医師に必ず相談しましょう。**

海外旅行はなるべく自粛を

「出産するまでは何があるかわかりません。高齢であるほど、予期せぬ出血などトラブルが起こりやすくなるでしょう。そのため、医師として旅行はあまりおすすめできません。出産前の最後のチャンスとばかりに行く方もいますが、特に海外旅行の場合、妊婦は保険に入れなかったり、体調不良になったときに言葉が通じにくくて対応が遅れたり、といろいろなリスクが高くなることを認識しましょう。また、仕事に関しては、会社によって対応がさまざまに異なるようですが、体調が少しでもつらかったら体を休ませましょう。母体の状態を医師が記入して事業主に知らせる〝母性健康管理指導事項連絡カード〟などを活用するのもいいですね。産休取得前であっても無理のないように自分の体の調子を見きわめましょう」（福山先生）

27

ここまでリアル！

「3Dエコー撮影」のすすめ

病院での健診時のエコー（超音波検査）は、一般的に2Dと呼ばれるものが多いようです。でも、病院によってはお腹の赤ちゃんを立体的に映し出せる3Dを備えています。私が通っていたところには3Dエコーがなく、別の病院でおこないました、どうしてもお腹の赤ちゃんをもっとリアルに見てみたかったのです。妊娠8ヵ月くらいのときでしたが、**お腹の中の赤ちゃんがどんな顔立ちや表情をしているか、どんな仕草をしているかまでわかるほど立体的で鮮明な画像でした**。「口元が私に似てる！」ということまでわかって感動したのを覚えています。そして、赤ちゃんの存在をしっかり実感し、さらに母となる自覚が強くなった気がします。とても貴重な体験で、妊娠中にやっておいてよかったことのひとつです。

3Dエコーのほか、リアルな動きがわかる4Dエコーは、できる病院や妊娠週数が限られています。可能な病院を早めに調べておきましょう。

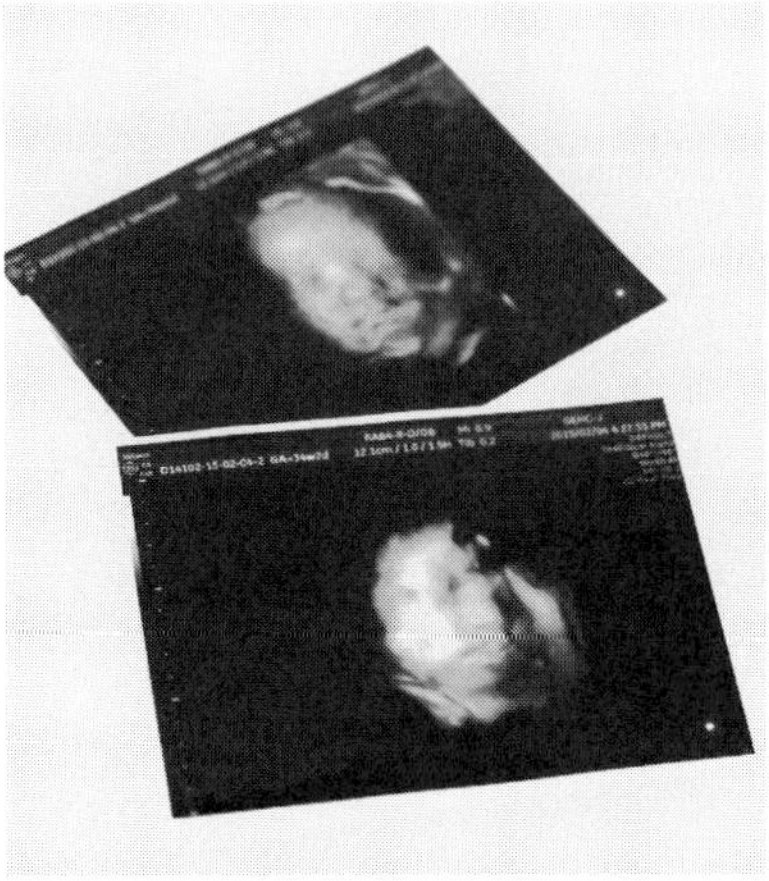

エコー写真は いつ見ても感動的

妊婦健診のたびにもらえる赤ちゃんのエコー写真や、妊娠後期におこなった3Dエコー写真は、お腹の中で育った時期の大切な思い出。成長していく過程を実感できるし、元気に動いているか確認できるし、自分に似ているかもわかるし、エコー写真をもらえるのが楽しみでした。ノートや本（下記）などに貼って、きちんと保管しています。今はこれを見ると、こんなときもあったんだな〜としみじみ感動します。子どもがグレたら見せようかな（笑）。

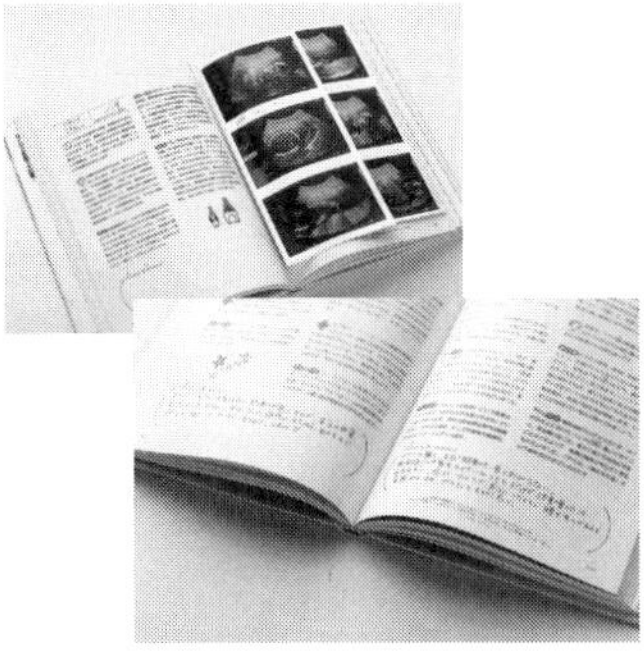

世界にひとつだけの マタニティブック

お祝いにもらった『はじめての妊娠・出産 安心マタニティブック―お腹の赤ちゃんの成長が毎日わかる！』（永岡書店）。出産まで毎日、赤ちゃんやお母さんの変化を解説したもの。その日その日の気持ちなども書き込めば貴重な思い出に。

28

高齢出産のいいこと①
ベビーグッズの購入は先輩ママと

妊娠8〜9ヵ月ごろ、いよいよベビーグッズの買い出しに行きました。といっても、実際には何が必要なのか、どういったものを選べばいいのか、まったくわかりません。そこで、先輩ママである山田優さんにつきあってもらって、アドバイスをもらいながら購入したのです。お店には便利そうなものがたくさん揃っていて、知識がないと、正直、あれもこれもほしくなります。**冷静な先輩ママから、買わなくてもいいもの、買っても出番が少ないものを教えてもらえたことは本当に助かりました**。たとえば、授乳ブラひとつにしても、授乳のたびに後ろのホックをはずさないといけないタイプより、胸の部分をたくしあげられるタイプのほうがラク……というような意見は実際に体験した先輩ママでなければわかりません。

これも高齢出産のいい面かもしれません。なぜなら、先輩ママはまわりにたくさんいます。彼女たちから賢いアドバイスをいただきましょう！

29

高齢出産のいいこと②
先輩ママからのリサイクル

40歳を超えての出産となると、すでに妊娠・出産・育児を体験している友だちがいっぱいいることでしょう。私もそうでしたが、先輩ママたちがすでに使い終わったものを譲ってくれます。また、出産前に早くもお祝いとしてプレゼントをいただくこともあります。そういったものを利用すれば、ベビーグッズの中には自分で購入しなくていいものがかなりあるはずです。**赤ちゃんの成長に応じてあっという間に使えなくなってしまうものも多く、そういうものほど譲り受けたものを活用すればいいと思います。**

私の場合、出産前に、バウンサー、バギー、授乳ポンチョ、おくるみ、新生児用の肌着などをいただいていて、自分で揃える必要はありませんでした。あまり早くからベビーグッズを揃えすぎると、もったいないことになるかもしれません。買いに行く前に、いただいたものを確認しましょう。そしてそれらはまた、誰かに譲り渡せばいいのです。

30

同じ立場になってみて
自分の母はどうしていた？

子どもを授かって、自分の母について考えるようになりました。母はどういう妊娠期を過ごしていたのか、気になったのです。昔、母が話していて特に記憶に残っているのは、必死にカルシウムを摂っていたということ。その理由は、母自身がとても歯が弱かったからだそうです。ほとんどの歯が虫歯になり、早いうちから入れ歯があったと聞きました。カルシウム不足が原因に違いないと思った母は、子どもに同じ体験をさせないために、妊娠中にカルシウムをかなり意識して摂取していたというわけです。

これはひとつの例にすぎませんが、母がお腹の赤ちゃんを想っていた気持ちを私もわかるようになり、「赤ちゃんのためにできる限りのことはしたい」とあらためて思いました。それまで母のこうした側面を考えたことはなかったのですが、**妊娠をきっかけに、自分の母がどんな想いだったのか考えたことで、私自身の妊婦生活がより充実していった気がします。**

31

産む前にシミュレーションを
母となっても働く術

高齢妊娠の人の中には、それまで仕事をバリバリこなしてきた人も多いはず。だからこそ、出産してからも仕事を続けたい、育児と仕事をずっと両立させていきたいと願うのは当然だと思います。私もそのひとりです。働き方はひとりひとり違うので「こうすればいい！」というひとつの正解はないと思いますが、**何より参考になったのは仕事をしている先輩ママたちの話でした。そこから、自分の働き方をシミュレーションしてみたり、具体的な保活（保育園に入園するための活動）を知ることができたり……自分なりにベストな策が出てくるかもしれないと前向きになれたのです。**

私は幸運にもサロンのスタッフやお客さまがサポートしてくれる環境にあったため、仕事復帰について早いうちからイメージできて、安心して赤ちゃんを迎えられました。出産後は落ち着いて考える時間がないかもしれないので、妊娠中に働き方をシミュレーションしてはいかがでしょうか。

32

出産準備・美容編

〝おこもり美容〟イメージで

病院に持っていく荷物の中には、本やDVDなどに加えて、美容アイテムも詰めました。出産後を意識した特別なものというわけではなく、病室で時間があるかな？ と考えて、シートマスクやフェイスローラー（P133）、美顔器など、旅先で〝おこもり美容〟を楽しむイメージで準備したのです。中でも**シートマスクは、日数分**持っていきました。病室はけっこう乾燥しているので、簡単に潤い補給ができ、しかも1回ごとの使い切りなので退院時の荷物にもならなくて、本当に大正解でした。

ほかには、それまでに使っていたものを持ち込みました。**むくみやコリ対策のカッサやマッサージローラー、オイル、サプリメント、シルク腹巻、着圧ソックスなど**。注意したいのはアロマオイルのような香りの強いものです。病室ににおいがこもってしまったり、赤ちゃんにとって刺激が強い可能性もあるため、個室であっても避けたほうがいいと思います。

Goods

産院に持参した美容アイテムたち

いつもの愛用品にプラスして。スキンケアはタカミクリニックのもの。安心感もサイズ感も抜群です。

33

出産直前！
さみしさと怖さでいっぱい

出産予定日が近づいてきて、「早く赤ちゃんに会いたい」という気持ちになると同時に、「お腹から出て離れてしまうのがさみしい」という想いが強く、何とも不思議な感覚になりました。約10ヵ月間もお腹の中にいて一緒だったので、「さみしい」と思ってしまうのも当然なのでしょうか。

また、出産の痛みに対する恐怖心がものすごくありました。これまで体験したことのない陣痛というものがまったく想像がつかなかったのです。先輩ママが出産するときのビデオを観て、大きな声で叫んでいるその様子があまりにも強烈だったということもあります。

でも、最終的には「元気で生まれてきてくれればいい」、もうそれに尽きます！　そして「高齢出産ではあるけれど、私は妊娠中、できることはすべてやってきた」という想いもありました。**マタニティライフをどのように過ごしたか？　それが出産時の気持ちに影響するのかもしれません。**

Topic 3

アヴェニュー
ウィメンズクリニック院長
福山先生

いい面も認識しましょう
高齢であるということ

最近は高齢での出産が増えています。不妊治療をされていた方はもちろん、結婚が遅かった、仕事に夢中だったといった理由でアラフォーでの出産になったという方も少なくありません。でも、高齢ゆえのリスクがあることは知っておきましょう。妊娠中の母体にトラブルが起こりやすい、お腹の中の赤ちゃんが障害や先天性疾患を抱える率が高い、といったことです。

その理由のひとつは、よく言われていますが、卵子の老化です。卵子は排卵のたびに新しく作られるのではなく、その人自身が胎児のときに作られたものです。つまり、高齢であればあるほど卵子の質が低下している可能性があり、赤ちゃんの染色体異常が起こる場合が多くなるというわけです。また、高齢になるほど子宮内膜症の方や血圧が高い方が多く、そういったことが母体のトラブルに影響したりもします。神経質になって心配する必要はありませんが、若い人よりもしっかりと考えておいたほうが安心でしょう。とはいえ、昔より体力がある人が増えているという印象もあります。多くの人が普段から体作りをきちんとおこなっているからでしょうか。そこに医学の進歩が重なって、高齢でも妊娠・出産できる時代になったのだと思います。

高齢であることによる利点もあります。たとえば、いろいろな経験を経て考え方に幅ができ、人間的に成長していることは、育児においてはプラスに働くのではないでしょうか。また、経済的に余裕があれば、子どもの教育を充実させることもできるでしょう。周囲の先輩ママの存在も大きいはずです。いろいろな知恵のもとで育児ができるのは、高齢ならではです。

Topic 4

管理栄養士
新生さん

過敏になりすぎないで妊婦とアレルギー

妊娠中の食事が赤ちゃんのアレルギーに関係しているのでは？　と不安になる方は多いようです。でも、今のところ科学的に証明されているものはなく、それほど過敏にならなくてもいいのではないでしょうか。たとえば、赤ちゃんのアレルギーを心配して乳製品を断つ方がいますが、むしろ効率よくカルシウムを摂取する機会を失っていることになります。牛乳は小魚などに比べてカルシウムの吸収率がいい、つまり、カルシウムを体に多く摂りこめる優秀な食品なのです。牛乳なしでカルシウム不足におちいってしまうよりも、牛乳やヨーグルトなどを上手に活用しましょう。小麦粉を断つ、卵を断つ、といったことも同様です。特定の食物をいっさい摂らないのではなく、バランスよく適量を食べることが大事だと思います。

また、体重増加にブレーキをかけるためにカロリーを気にする方がいます。そのときに「カロリーカット」「カロリーオフ」などと書かれた食品や人工甘味料に頼っている方はいませんか？　それにはちょっとご注意を。ラットなどを使った、ある研究では、カロリーを抑えるための人工甘味料を使ったドリンクを飲むと、飲まない個体に比べて食欲が増加するという結果が出ているのです。また、お母さんの健康状態や肥満などは、子どもの健康状態にも影響を与える可能性が指摘されています。

一方、マグロやカジキなどの大型魚のほか、ビタミンAが豊富なレバーやうなぎは、食べすぎると胎児に悪い影響が出る可能性があると言われています。母子健康手帳などを参考に、食べる量に注意してください。

Column

3

目標にも相談相手にも支えてくれるのは友人

妊娠がわかったとき、まず相談にのってくれたのが宮沢りえさんでした。りえさんは仕事をしながら子育てをしている先輩として、本当に親身になって多くのアドバイスをしてくれたのです（命名でも！）。りえさんがいたから、出産する覚悟をもてたと言っても過言ではありません。出産のときは立ち合いもしてくれて、そばで温かく見守ってくれましたし、育児中の今もメンタル面を大きく支えてくれているかけがえのない存在のひとりです。

育児をして、仕事をして、美しくもあって……とお手本にしたい友人が、りえさんをはじめ、私のまわりには何人もいます。「出産は何とかなる」「子どもがいても仕事に復帰できる」と確信できたのは、そういった友人たちのおかげです。また、彼女たちの姿を見ていると子どものしつけなど参考になることがとても多く、今後の目標や励みになっています。ひとりでいろいろ考えていたら、心折れそうになったかもしれません。妊娠、出産、そして育児は、新しい悩みと発見の連続です。そんな、親身になって相談できる相手、たわいもない話を気軽にできる相手がいることがどれだけ自分を支えてくれているか……日々、そのありがたさを痛感しています。

出産

～出産後

ようやくわが子と出会えた喜び。赤ちゃんとの生活は、幸福感に満ちた日々の始まりです。何もかもが初めてということの連続ですが、赤ちゃんと一緒に、自分自身も「お母さんビギナー」としてぐんぐん成長していく時期です。

34

耐えがたい陣痛の痛み

〝赤ちゃんもわかってる〟

陣痛がきてからは下腹部の痛みとともに、吐き気がひどかったのを覚えています。吐き気がますます止まらず、お産もほとんど進まないため、2日めには陣痛促進剤を使用しました。そこからは痛みがどんどん強くなり、思わず大きな声が出てしまうほどでした。それでも子宮口が開かず、血液検査の結果、帝王切開をすることになったのです。

正直、「長時間がんばったのに」という複雑な想いもありました。でも、**「つらい陣痛に必死に耐えて赤ちゃんを迎えようとしていたことは、それ自体が素晴らしいこと。お母さんのがんばりは赤ちゃんにも伝わっていますよ」と医師に言われたのです**。本当にその通りだと思えました。その後はすべてをお任せし、希望していたカンガルーケアで赤ちゃんと出会えたのです。へその緒が赤ちゃんの首に巻きついていて、帝王切開はベストな方法だったと後から聞いて、心底ほっとしました。

経腟分娩だろうと帝王切開だろうと、赤ちゃんを無事にこの世界に産んであげることが何よりも重要で素敵なことだと強く感じました。

いろいろな分娩方法を知っておこう

「ミカさんのような緊急帝王切開のほか、逆子などのためにあらかじめ計画しておく予定帝王切開があります。いずれにしろ、赤ちゃんにとっても母体にとっても、それがベストな選択ということです。よっぽどのことがなければ下半身だけの麻酔ですみますし、生まれた赤ちゃんの状態がよければ、すぐにそのまま抱き上げることも可能です。

お腹の傷が心配な人もいるでしょう。でも、なるべく傷が目立たないようにキレイにしてあげたいという産婦人科医がほとんどで、傷痕がわかりにくいように開腹の方向を考慮するほか、出産後は時間をかけて丁寧に縫い合わせます。もし傷痕がケロイド状になってしまったとしても、形成外科などで傷痕の治療ができる場合もあります。

ちなみに、年齢が高ければ高いほど、陣痛中のホルモン分泌がうまく働かない、腟の柔軟性が失われている、といった理由で結果的に帝王切開になる場合が多いようです。また、帝王切開でなくても、無痛分娩を選ぶという方法もあります。高齢の場合は陣痛による体力の消耗が激しいため、選択肢のひとつとして考えてもいいと思います。そのほかにもいろいろな分娩方法がありますし、自分が望む方法によって産院選びも変わってきます。情報を集めて勉強しておきましょう」（福山先生）

35

妊娠、出産を振り返って

元気な産声を聞いて

43歳での出産ということ、そして、出生前診断をしていなかったこともあり、実際に赤ちゃんを見るまで心のどこかで不安もありました。でも、元気いっぱいの泣き声を聞いただけですごくほっとして、思わず涙がこぼれてきました。出産そのものは想像を超える大変さでしたが、無事に赤ちゃんに会えてよかった、本当にそれに尽きます。赤ちゃんて、なんてちっちゃくて可愛い、かけがえのない存在なんでしょう。

出産後はほとんど母子同室で過ごしました。2日ほど寝ていなくて疲労困憊のはずなのに、赤ちゃんのお世話はできてしまう……それほど赤ちゃんというのは愛おしい。さらに、食事や運動などいろいろ気をつけたかいがあって、高齢のわりに体力があったのかもしれません。医師に「帝王切開なのに回復が早い」とも言われました。**出産後の自分の体のことも含め、妊娠中の過ごし方がいかに大切かということを実感しました。**

36

すぐに母乳が出た！
母乳マッサージの賜物

出産後、母乳が出るまではかなりスムーズでした。乳首にある母乳の出口が閉じていたり詰まっていたりすることもなく、左右どちらからもよく出たのです。赤ちゃんもすぐにしっかりとくわえて飲んでくれました。やはり、**母乳をあげたいという想いから、妊娠中に習慣にしていたマッサージの効果があった気がしてなりません**。母乳のためにと思って、良質なタンパク質も心がけて摂っていましたし。

もちろん、体質などいろいろな事情で母乳が出にくい人もいるでしょう。そういう場合は、助産師さんのアドバイスをもとにミルクの力を借りるべきだと思います。私は出産後、問題なくすぐに授乳できましたが、生後半年経ったら母乳とミルクの混合育児にしようかな、と考えてもいました。母乳に固執することなく、ミルクにすることで赤ちゃんもお母さんも元気に笑顔で過ごせるなら、そのほうが絶対にいいと思うのです。

Hint

おっぱいのマッサージについて

母乳を出やすくする、乳腺炎を防ぐために詰まりをとる、胸がカチカチに張らないようにするなど、マッサージはとても大切です。自分でできない場合は、助産師さんなどプロに頼っても。

37

体の循環のために

一日に2リットルの水分補給

Drink

ノンカフェインのルイボスティー

子どもも飲める赤いお茶は健康や美容にいいとされる。ナチュラルハウスなどで販売。／参考品

出産してからというもの、とにかく水分をたくさん摂っていました。母乳をあげているからか、ものすごく喉が渇きますし、母乳が詰まらないよう、分泌をスムーズにするためです。一日2リットルを目安にしていたのですが、赤ちゃんのことを思い、母乳にいいと言われているものを自然と飲むようになりました。

特に重宝していたのが、ルイボスティーとハーブティーです。**ルイボスティーはノンカフェインということで妊娠中にも飲んでいましたが、ミネラルが豊富なため、授乳期にもいいそうです**。ハーブティーは種類が多いうえ、授乳中には控えたほうがいいハーブというものもあります。そのため、「授乳期でもＯＫ」とか「母乳にいい」などと表記されているタイプを選ぶのが安心だと思います。飲むときはできるだけ冷たくせず、ホットか常温にして、体を冷やさないように注意しましょう。

38

産後ママの救世主。それは ネットショッピング

1ヵ月健診のころまでは基本的に外出できないので、あれこれお店を回ってベビーグッズを買うなんてことはできません。でも、今は本当に便利な時代です。ネットで検索すれば欲しいものが見つかるし、ほとんどのものが翌日には届くのです。消耗品のおむつやおしり拭きをはじめ、よだれかけ、肌着、タオル、育児本などを購入しました。私は利用しませんでしたが、日々の食材だって簡単に手に入ります。また、ベビーグッズ以外にも、自分の肌着やスパッツ、授乳に便利なブラトップなどを買うために、ユニクロやZARAなどのネット通販も利用しました。

そう考えると、**いるかいらないか悩むようなベビーグッズは出産前に無理に購入しなくてもいいかもしれません。赤ちゃんとの生活をスタートさせた後、必要性を感じたときにネットで注文すれば、数日で手に入るのです**から。便利なネット通販、産後ママこそ活用すべきだと思います。

39

冷凍ストックで
〝母乳にいい〟ごはん

自分が食べたものが母乳に影響すると思うと、どうしても食事は母乳を意識したものになります。肉を食べるなら、良質なタンパク質が摂れる鶏肉、エネルギーとなる炭水化物を食べるなら、消化のいい白米、あるいは食物繊維が摂れる玄米を混ぜて、というように気をつけていたのです。さらに、根菜や海藻類といったミネラルなどの栄養をたっぷりと含む食材をなるべく食べるようにしていました。

赤ちゃんのお世話に追われていると、ごはんの時間になっても思うように料理できないことがたびたびあります。そのため、**赤ちゃんが寝ている間に調理して小分けにし、冷凍庫にストックしていました**。よく作っていたのは、いろいろな野菜の炒め物、根菜やひじき、切り干し大根の煮物、ほうれん草のざく切り、鶏肉のスープなど。これらが冷凍庫にあることで、時間をかけることなく、いつでも栄養満点のごはんを食べられます。

Hint

冷凍小分け食材を活用

食材や大量に作ったおかず類は、1回分ずつラップで包んで冷凍。解凍後は気分でアレンジ料理を。

刺激物は避けたほうが安心

「いろいろな考え方があるのですが、母乳にいい食事は助産師さんがよく知っています。母乳の出が悪い、赤ちゃんが母乳を飲んでくれない、など困っていることがあったら、かかりつけの方に相談してみましょう。栄養面の話ではありませんが、ニンニクや牛肉などにおいが強いもの、カレーやキムチなど刺激物を食べたときは、赤ちゃんが母乳を飲みたがらないこともあるようです。〝飲みたくなる母乳〟をお母さんがあげられるよう、気を配りましょう。食事を冷凍ストックしておくのはとてもいいですね。野菜のコンソメ煮も冷凍ストックに向いていておすすめです。冷蔵庫の残り野菜をコンソメで煮て冷凍しておくだけですが、栄養たっぷりのミネストローネやパスタソースなどいろいろなメニューにアレンジを楽しめます」（新生さん）

40

子どもと自分のために
体にやさしい調味料がお気に入り

妊娠前からずっとお気に入りの調味料があります。そのいくつかを紹介しましょう。まず、**油はエゴマオイル**。オメガ3を含む体にいい良質な油と言われていますよね。生で摂るのがいい油なので、私の場合、ドレッシングにして野菜サラダなどにかけることが多いです。

塩は沖縄のもの。私は塩の本を出しているくらい塩にはこだわりがあるのですが、その中でもこの「ぬちまーす」は、ミネラルがとても豊富で、カリウムも多く含んでいるので、妊娠中のむくみ予防にもおすすめです。

お酢は、普通のものより黒酢のほうが体にいいと聞き、**黒酢ばかり使っています**。お酢を使う料理のほとんどに使っていて、サラダにかけたり、中華スープに入れたりしてもとても美味しいのです。

また、料理をするときに甘みをプラスしたかったら、**白い砂糖ではなく、ハチミツやてんさい糖**を使っています。ハチミツやてんさい糖は自然な甘さが好みですし、出産してからは子どものごはん作りにも活用しています。甘みということでは、**甘酒も最近のお気に入りです**。離乳食を作るときに使っているのですが、子どもが喜んで食べてくれています。

調味料は日々使うもの。ぜひお気に入りを見つけてみてください。

a

b

c

d

e

a：パウダー状の海塩。旨みがあり、料理の味に深みが。沖縄の海塩 ぬちまーす 250g ￥1000／ぬちまーす
b：てんさいから作った、すっきり風味の甘味料。北海道てんさいオリゴ 1kg オープン価格／加藤美蜂園本舗
c：砂糖を一切使わずに、雑味のないやさしい甘さを実現。麹だけでつくった あまさけ 825g ￥800／八海醸造
d：酸味がやわらかいので、調理用として使うほか、そのまま飲んでも。臨醐山黒酢 360ml ￥500／内堀醸造
e：老舗養蜂園のハチミツ。さらりとした味わい。テーブルハニー ハンガリー産アカシア 95g ￥800／HACCI

41

産後の骨盤のために
腹巻&マタニティジーンズに頼る

産む前までは「出産で開いた骨盤はすぐに骨盤ベルトで締めよう!」と思っていました。骨盤を締めるのが早ければ早いほど、体形の戻りがいいと聞いていたからです。でも、現実には帝王切開の傷が痛くて、骨盤ベルトはしばらく巻くことすらできませんでした。

残念でしたが、その代わりに愛用していたのが、妊娠前からずっと重宝しているシルク腹巻(P133)です。**お腹をそっと保護しながらも肌あたりがやわらかいため、傷の痛みにもやさしいつけ心地だったのです。さらに、その上からは傷を圧迫しないゆるめのボトム、マタニティジーンズなどをよくはいていました**。出産した後も取っておいてよかったです。

お腹から赤ちゃんがいなくなったら、体重やお腹の膨らみを一気に戻したい気持ちがありましたが、帝王切開の場合はマッサージも腹筋もできない時期があります。あせらず無理しないことが大切だと痛感しました。

42

肌運命を左右する 赤ちゃんの保湿は絶対！

Cosmetics

ベビー用のバーム&クリーム

上・バンフォード オーガニック ベビーバーム 60ml ￥4000／ピューリティ
下・ママ＆キッズ ベビーミルキークリーム 75g ￥1800／ナチュラルサイエンス

沐浴のときからずっと赤ちゃんの肌の保湿ケアは欠かしていません。**まだバリア機能が弱い肌なので、沐浴や入浴の後には必ず、体中に保湿化粧品を塗っていました。**そのおかげか、基本的に肌トラブルに悩まされることはほとんどなく、全身つるっつるです。一時的に乳児湿疹が出たときもありましたが、念入りに保湿していたら、ひどくならずにすっと治るのです。やはり、保湿はとても重要なケアだと思い知りました。

赤ちゃんの肌に塗る保湿アイテムは、ベビー用やオーガニックのものが安心です。私はママ&キッズやバンフォード、東原亜希さんと開発したアイテム（Ｐ１３６）を使っています。軽いローションタイプだと肌から潤いが逃げやすいので、コクのあるクリームやミルクがおすすめです。また、伸びがいいものを選べば、全身にするすると広げやすいのはもちろんのこと、保湿と同時にベビーマッサージもできてとても便利です。

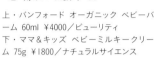

43

マスクタイム、読書タイム……
「自分のための時間」を必ず

赤ちゃんのお世話が中心の生活になると、自分のことをできるのは赤ちゃんが寝ているときくらいです。睡眠不足にもなるし、肌や体のケアまでは手がまわらないという人もいるでしょう。それでも私は毎晩、シートマスクをすることを習慣にしていました。もちろん肌のことを考えてしていたのですが、ただ貼るだけのその5分ほどの〝シートマスクタイム〟が「自分のための時間」という実感があって、とても心地よかったのです。

私の場合はシートマスクでしたが、本を読むとか音楽を聴くとか、人によって「自分のための時間」とされるものはいろいろあると思います。そういった時間をもつことが大切だと強く感じたのです。赤ちゃんと家に一緒にいて、自分が心地いい時間を少しでももてなければ、ストレスがたまってしまい、そのストレスが泣きやまない赤ちゃんへの苛立ちにつながってしまう……ぜひ、自分のための時間を作りましょう。

44

子どもと一緒に楽しみたい
親子におすすめのホテル

もともと旅行が大好きで、休みとなったらハワイ、沖縄、京都、近場の温泉……などなど、すぐに出かけていました。子どもができたらどうなのかな？　と思っていましたが、今は子どもにフレンドリーな宿がたくさんあることを知り、子連れでも心おきなく出かけています。

最近行ったなかでおすすめなのは、『ザ・リッツ・カールトン沖縄』（沖縄県名護市喜瀬1343‐1）と、『星野リゾート　リゾナーレ小浜島』（沖縄県八重山郡竹富町小浜東表2954）。どちらも**子ども対応のアクティビティが豊富で、レストランのキッズメニューもいろいろ選べます。そして託児所も完備しているので、子どもと一緒に遊んでもいいし、子どもは預けてスパやゴルフなど大人だけで楽しむことも、どちらもできる**のです。子どもの年齢に応じて楽しみ方は変わってくると思いますが、これらの条件が揃う宿が選ぶポイントだと思います。

45

腹筋となめらかな肌のために
産後こそお腹マッサージ

帝王切開の傷が気になって、なかなかお腹のマッサージをはじめられずにいました。でも、ずっと何もしないでいると、手術した周辺の内臓が癒着したり、傷まわりの皮膚がかたくなったりすることもあるそうです。また、弱くなった腹筋をつけたいとも思っていました。そのため、出産後1年ほど経ったころから、オイルなどを塗ってお腹をほぐすような軽いマッサージをスタートさせました（マッサージカードP10）。その効果はものすごく、お腹まわりが急にすっきりしてきました。そして、体重までも落ちたのです。さらに、腹筋トレーニングをはじめたことによって、一段と効果が上がりました。産後ずっと腹筋が元通りにならず、まったく痩せもしなかったのに、お腹のマッサージをはじめた途端に腹筋がつきだし、ゆるみがなくなってきたのです。出産によるお腹の痛みがなくなっているなら、ぜひお腹のマッサージをはじめてみましょう。

肌表面のマッサージなら１ヵ月後からＯＫ

「帝王切開の場合、お腹の表面を縫った糸は、約１週間で抜糸します。経膣分娩の場合も含めて１ヵ月健診のときに医師からＯＫが出れば、肌表面を軽くマッサージしても問題ありません。また、妊娠期間を通じて腹筋は落ちていますから、腹筋のトレーニングをすることも悪いことではありません。一方、お腹の中を縫った糸は抜糸できません。自然に溶けるまで３ヵ月くらいはかかります。その間は無理せずに、しばらくはマッサージを控えましょう。いずれにしても、産後１年も待たずにマッサージを開始して大丈夫です。不安な場合は医師に相談してみてください」（福山先生）

46

育児はつらいもの？
おだやかな育児ができる理由

実は赤ちゃんのお世話はもっと大変かと思っていました。ずっと泣きやまない、授乳がうまくいかない、夜泣きのせいで眠れない日が続く、しょっちゅう発熱する……そんな話を出産前に先輩ママたちから聞いていたからです。でも、実際はそんなにつらいことはなく、子どもに対してイライラするようなこともありませんでした。

その理由は、「自分はいつでもどうにかなる、大丈夫！」という自信があったからだと思います。**妊娠中にいろいろがんばったことで、自然と生まれてきた自信です。だから、むやみに不安になったりすることなく、ずっとおだやかな気持ちで赤ちゃんのお世話ができた**のだと思っています。

もちろん、幸運にも、手のかからない子どもに恵まれたのかもしれません。でも、いずれにしてもつらい思いをせずに育児ができているので、「妊娠中、私なりに努力したことはよかったんだな」と実感しています。

47

体からの〝休んで〟サイン？
1年後の体調不良

子どもが1歳を迎えるころ、私自身の体調が悪くなる日が増えました。蕁麻疹《じんましん》が出たり、急に熱が出たり、喘息《ぜんそく》のような咳が出たりしたのです。医師に相談したところ「疲れがたまっているのではないか？」と言われました。確かに、ほぼ1年近く朝まで熟睡できない日が続いていましたし、産後1ヵ月という早さで仕事復帰したことなども積み重なって、体が悲鳴をあげてしまう事態になったのでしょう。

今思えば、産後にもうちょっとしっかり休むべきでした。しかも、私の場合は高齢、かつ帝王切開だったのですから。育児に追われ、自分の体調がよかったために気づいていなかっただけで、本当はきちんと回復していなかったようです。**出産はおそらく想像以上に、体に大きな負担をかけています。そのため、しっかり休養をとって、いくら体調がよいと思ってもがんばりすぎないようにしましょう**。その大切さを今、痛感しています。

Topic
5

アヴェニュー
ウィメンズクリニック院長
福山先生

あなただけじゃないと知って
出産後のお母さんは不安定

赤ちゃんがお腹の中にいるときはエストロゲンという女性ホルモンが多く分泌されていて、その作用によって血流がよくなったり、いつも体がぽかぽかと温かかったりします。ところが、そのエストロゲンの分泌は赤ちゃんがお腹から出ると急激に減っていきます。その急激な変化によって体調の変化を感じる人もいて、たとえば、急に冷えを感じやすくなる、髪が抜けるなどさまざまな症状が出てくるのです。

そのホルモンの急激な変化は気分にまで影響を与えることがあり、「マタニティブルー」や「産後うつ」と言われます。たとえば、理由もなく悲しくなって涙が出るなど、気持ちが不安定な状態になるのです。産院から自宅に戻って家に親子2人でこもるようになると、さらに落ち込みやすくなるうえ、そこに、授乳がうまくいかない、赤ちゃんが泣きやまない、といった悩みが重なるとますます気持ちが不安定になりがちです。誰かに話を聞いてもらうだけでラクになれることもありますし、医師に相談すれば薬を処方してもらえる場合もあります。

マタニティブルーは出産した誰にでも起こりうる症状です。ふだん朗らかで気分が安定している人でもなりえるのです。それについて知識がまったくなければ、気持ちが不安定になったときにとても心配になってしまうことでしょう。でも、それが産後のホルモン変化のせいであることなどを知っていれば、むやみに不安にならずにすみます。出産前から、「出産後はそういうもの」「誰にでも起こりうるもの」と認識しておくといいと思います。

Column 4

子どもの存在がつないだ母のこと

母とは仲が悪く、ここ10年ほど会っていませんでした。妊娠がわかったときも連絡できずにいました。ですがその後、自分自身が「お母さん」になったことで母に対する想いに変化が起きて、赤ちゃんが生まれたことを知らせたいと思うようになり、出産後にやっと報告したのです。お腹の中の赤ちゃんの存在を感じたり、赤ちゃんのために何ができるかと真剣に悩んだり……そんな妊婦生活を経て自分の中で母性がだんだんと育まれ、母という存在の偉大さを実感したからでしょう。

幼少のころ、母はおやつひとつにしても手作りする人でした。私は市販のお菓子やレトルト、冷凍食品などを食べた記憶がほとんどありません。当時私はそれがイヤで、高校生になってからはその反動でジャンクなものをたくさん食べてしまい、そのせいで体重が20kg近く増え、肌トラブルに悩まされるようになり、ダイエットとリバウンドを繰り返したりもしていました。大人になり、食生活をあらためていった中で、母の食への意識の高さを思い返しました。虫歯が一本もなく、骨折すらしたことがない私の体は、子どものころの母の手作りの食が作ってくれたということに気づいたわけです。母が私を想い、有機栽培などの安全な素材にこだわって食事を作ってくれたように、母となった私自身が今度は自分の子どものためにそうしてあげたい……自然とそう思えたことがうれしいですね。

最初は少し照れくさかったのですが、母、私、子どもの3人で会えるようになった今はとても幸せです。子どもって本当に偉大な存在です。

Special column

1

“妊婦同期”
東原亜希さんと対談

出会いは15年以上前。お互い子どもがいるなんて！

ミカ　亜希ちゃんに初めて会ったのは、18歳のころだよね。すごい、15年も前！　顔がパンッパンで、それがまた可愛かった。

亜希　はじめてミカリンの施術を受けたとき、ものすごく痛かったのを覚えてる。それからごはんに連れて行ってもらうようになって……私にとって、一番身近な〝楽しそうな大人〟がミカリンだった（笑）。

ミカ　そんなころがあって今、２人ともママになってるなんて、本当に不思議。しかも、私が妊娠した数ヵ月あとに亜希ちゃんが妊娠して！　縁を感じちゃう。

亜希　うんうん！　そういえば、イギリスで長女を出産したときは、家に来てごはんを作ったりとか、いろいろ手伝ってくれたよね。本当に助かった～。

ミカ　あのときの亜希ちゃんを見て、お母さんって大変だ、子育てって大変だって思ったんだよね。すごいな～って、実はすごく感心してた。

亜希　そうなの？　ミカリンは赤ちゃんをあやすのがとても上手だったから、赤ちゃんを産んで育てればいいのに、絶対むいているのにって私は思ってた。実際、ミカリンが妊娠したときって、すごく堂々としていて、年齢的なこととか初産ってこととかあまり心配しているようには見えなかったし。

ミカ　そうだった？　私は、亜希ちゃんに「マタニティライフを楽しんだほうがいいよ」って言われて、本当にそうだなって自分に言い聞かせたよ。

亜希　……そういう自分は、双子の妊娠だったから不安ばかりだったけどね（苦笑）。

ミカ　あと「骨盤ベルトをしたほうがいいよ」とか、先輩ママの視点でいろいろ教えてもらったことがかなり参考になった。

亜希　私はミカリンのところのオイル（P133）が手放せなかったよ。妊娠線を予防するために肌がベタベタになるくらい塗りまくっていたら、双子でお腹がかなり大きくなったのに妊娠線がまったくできなかったもん。

ミカ　そうやってリアルに情報交換ができたりして、亜希ちゃんと近いタイミングで妊婦生活を送れて、すごくうれしかったな。

みんなで集まることで育児もブラッシュアップ

ミカ　そして、お互いに赤ちゃんが生まれてからは、さらに会う

「亜希ちゃんの結婚式で。キレイだったのはもちろん、このヘアアレンジも可愛かった♡」

ようになったよね。

亜希　そうそう。最近では子どもたちが遊んでいるすきに、そのそばで私たちは料理したりおしゃべりしたりできてホントに楽しい！　子どもって、親子だけで過ごしていると「ママー！　ママー！」ってずっとくっついてきて料理とかできなかったりするじゃない？　でも、子ども同士で遊べればそうならないし、大人の手がいっぱいあるほど誰かが補助できるし、こういうふうにみんなで集まれることはすごくいいと思う。

ミカ　同感！　親子２人きりだと、もんもんとしちゃったりするかもしれないけど、みんなで集まれば親も子もストレスのいい発散になるし。さらに、いろんな親子や家庭を見ることも大切だなって思ったの。ほかの家ではどうやって育児しているんだろう？私の子どもにはどういう環境がいいんだろう？　っていろいろ考

「亜希ちゃんの双子の妊娠を仲良しの友人たちとお祝い。私は出産がもうすぐという時期」

えられてすごく参考になるから。

亜希　確かにそうだよね。でも、ミカリンって育児に関してまったく悩みなさそうに見える。どっちが4人産んだんだっけ？　って思っちゃうほど（笑）。

ミカ　そうかな？　でも、もしそうだとしたら、亜希ちゃんとか先輩ママのおかげだよ。

子どもをもってから、仕事の大切さを強く実感

亜希　ミカリンは子どもができて、心境に変化はあった？

ミカ　まずね、自分ひとりで生きているんじゃないってことを強く思うようになったかな。私は友人やサロンのスタッフとか、こんなに多くの人に支えられているんだなって。あらためてそれに

「産院に来てくれたとき。"赤ちゃんってこんなにちっちゃかったっけ？"と驚いていた」

気づいたおかげかもしれないけど、昔ならちょっとしたことでイライラしていたのに、今はいつもやさしい気持ちでいられる。ちょっとイヤなことがあっても、子どもという絶対的な存在にすごく助けられている気がするし。「ま、いっか。この子さえいてくれたら」みたいな感じ。それとね、仕事をしっかりやっていきたいって思うようになった。前は仕事よりも遊びを優先したくなるときもあったりしたけど、今では仕事の大切さを痛感してるから、絶対そんなこと思わない（苦笑）！

亜希　わかる！　私、自分で会社をつくったんだけど、それって子どもが生まれてからだったの。子どものころから、私は専業主婦になると思っていたから、自分でもびっくりしちゃったけど（笑）。いくつか理由があって、まずね、ちょっとでもお金を得て子どもにいい環境を与えてあげたいと思ったこと。次に、自分が年を重ねたときに子どもの世話になりたくなくて、そのためには自分が働いていることが必要かもと思ったこと。そして、子どもってたぶんすぐに成長しちゃって、相手にしてくれなくなる日が来るんだろうけど、そうなったときに「私には子どもしかない！」となると困っちゃうでしょ。だから、会社をつくったりとか、なんでもいいから子ども以外の〝何か〟を得ておこうと考えたの。

ミカ　本当にその通りだと思う。こういう考え方をもてたことを私はすごくうれしく思ってるし、これも子どもを産んでよかったなあと思うことのひとつ。子育ても人生も、これからも一緒に楽しんでいこうね！

東原亜希／ひがしはらあき

モデル、タレント。2008年に柔道家の井上康生氏と結婚し、翌年、イギリスで長女を出産。帰国後に長男、2015年に二女・三女の双子を出産し、現在は４児の母として忙しい毎日を送っている。近著『東原亜希さんの東原家が大好きな野菜たっぷりレシピ』（セブン＆アイ出版）。

Special column

2

使ってよかった おすすめアイテム

インスタグラムなどにアップしていたアイテムから
コスメ、ボディケア、バスグッズ、おやつ、健康食品など
特にお気に入りの22点をピックアップしました。
本当に愛用していたものだから、自信をもっておすすめします！

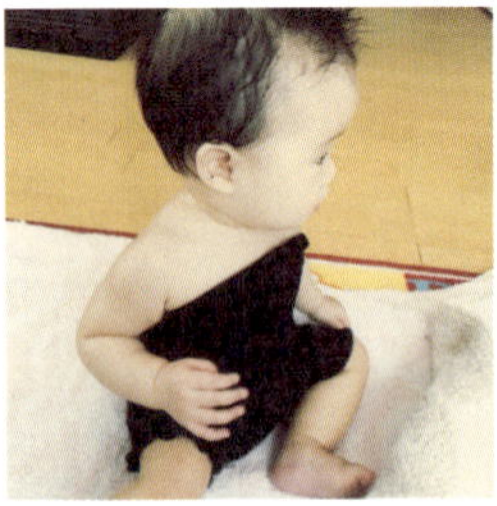

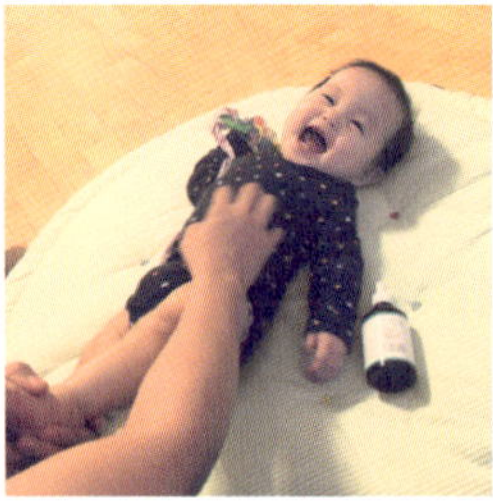

妊娠線もむくみもないママに

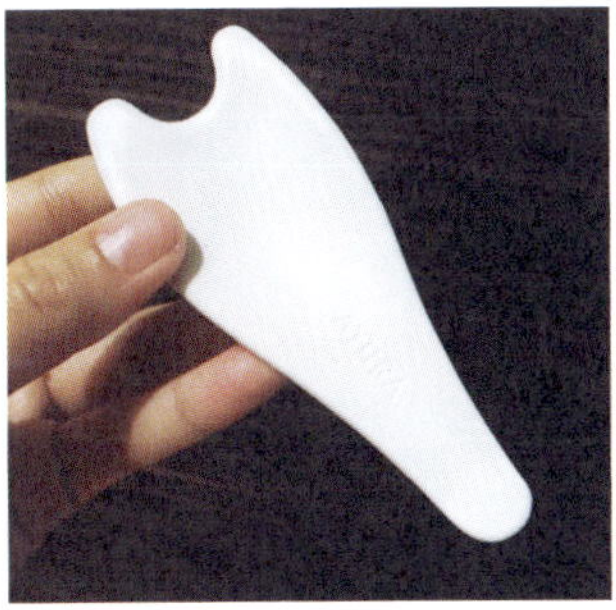

脚マッサージは「カッサ」が大活躍

「脚がむくんだときはアユーラのビカッサボディープレート。この形がホントに絶妙で使いやすい！ 脚はもちろん足の裏、そして首や肩、顔にもグイグイと」

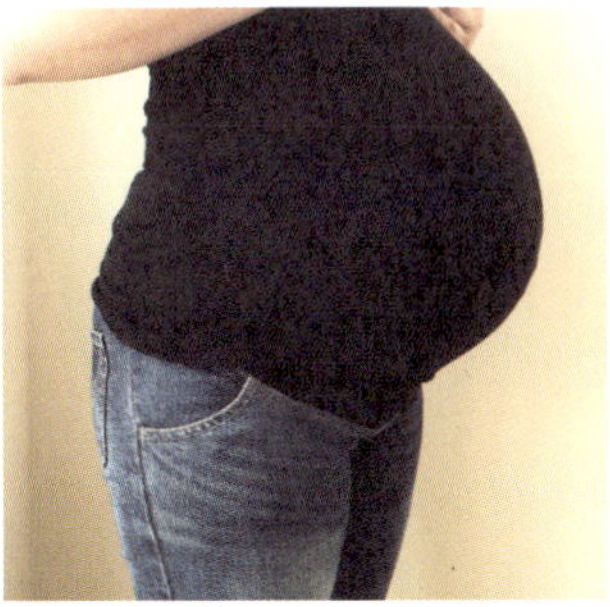

大きなお腹もあったかしっとり

「妊娠前から使っているミッシーリストのシルク腹巻。昼間はもちろん、お腹にオイルを塗ったあとにつけて寝てました。保温と保湿機能がすごく優秀なんです」

産院でも暇さえあればマッサージ

「顔用マッサージローラー、リファエスカラットは出産時にも持参。むくみやすい妊娠中はテレビを見ながらとか、気がついたときに顔にコロコロと」

ミッシーリストの最愛コンビ

「エムズコスメのマッサージオイル（左）で入浴後に足裏から全身をマッサージ。妊娠線予防にも。ニューピュア フコイダン濃密保湿クリーム（右）は顔用に」

ずっと続けたい“美習慣”アイテム

チアシードで体調をいつも万全に

「チアシードなど10種類を配合したミッシーリストのスーパーフードスムージーは粉末なのがカギ。美力青汁に混ぜて毎朝の定番に。体調不良はこれで予防！」

毎朝、青汁からスタート！

「ミッシーリストの美力青汁はママにうれしい葉酸入り。しかも飲みやすいから、妊娠中と授乳中、今も毎日飲んでます。天然原料100％でカフェインもゼロ！」

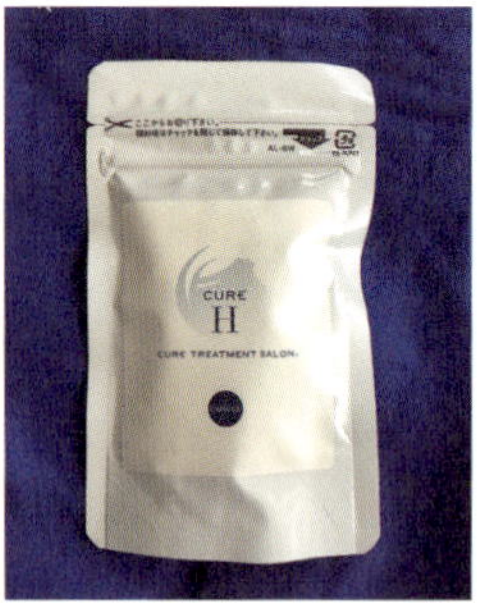

私にはタブレットタイプが相性いい

「私のサロン、ミッシィボーテで販売しているキュアHという水素タブレット。妊娠中から水素の水や入浴剤などを試していたけれど、今はこれがお気に入り」

手軽に乳酸菌を取るならコレ

「小腹がすいたら、乳酸菌入りキャンディーのCANDY THE VEGASがおすすめ。1粒にFK-23乳酸菌が500億個＝ヨーグルト5ℓ相当が入っているそう！」

産前産後のお助けおやつ

美味しくてヘルシーなスナック

「KINOKUNIYAで買った、サハレ・スナック アーモンドクランチー・ハニークランベリーセサミ。サクサクの食感と甘さがちょうどよくてお気に入りです」

そのまま食べられるやわらか大豆

「だいずデイズの有機蒸し大豆は、KINOKUNIYAやナチュラルハウスで購入。大豆そのものの味がして、まったくクセがなくて好き。小腹がすいたときに♡」

授乳中やダイエットに豆腐チョコ

「三原豆腐店の豆腐生チョコ BASIC。カロリーが普通のチョコの約半分で罪悪感がないし、本物みたいに美味しい。授乳中にチョコが食べたいときにも○」

目的別に選びたいハーブティー

「ドイツ・マリエン薬局のハーブティー。花粉症が出る時期にはアレルギー対策ブレンド、授乳中には授乳・乳腺炎対策ブレンドにお世話になっていました！」

お風呂はいつでも女性の味方！

子どものマッサージに最適なミルクを作ったよ

「オーガニック素材や使い勝手にこだわって、東原亜希ちゃんとプロデュースしたベビーボーン。WEBショップ“BABYBORN”で買えるよ。うちの子も肌すべすべ」

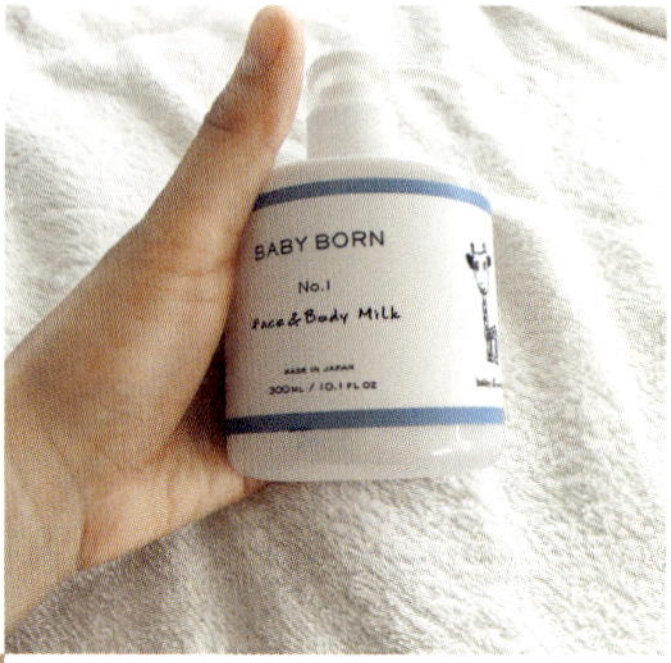

半身浴のおともにはエプソムソルトが必須

「ミッシーリストのエプソムソルト。硫酸マグネシウムというミネラル化合物のおかげで、温浴効果がパワフル。これを入れて半身浴すると、汗がものすごく出る！」

子どもと一緒に入っても安心のバスオイル

「子どもとバスタイムを楽しむときは入浴剤もいいものを。美・ファイン研究所のセブンフローのホーリー バスオイルは、体がぽかぽかになるのでやめられない」

「これだけは！」のお守り美容

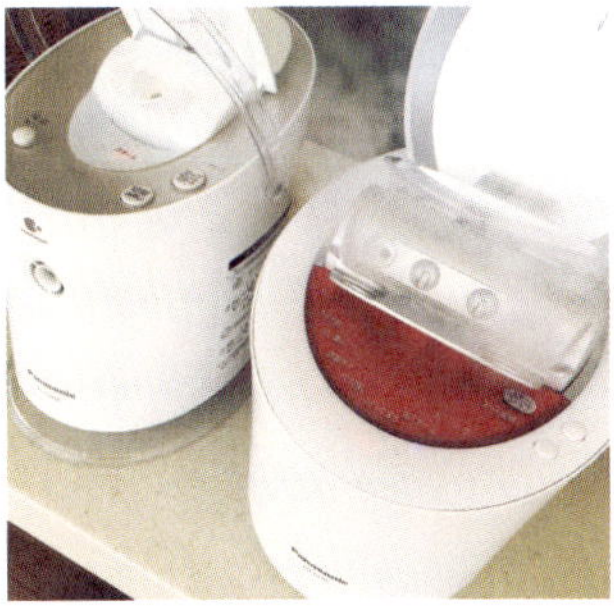

家でも産院でもスチーマーは必需品

「パナソニックのスチーマーナノケアは家でずっと稼働させていて加湿器状態(笑)。アロマの香りでリラックス度もアップ。産院にも持参しました。右は新型」

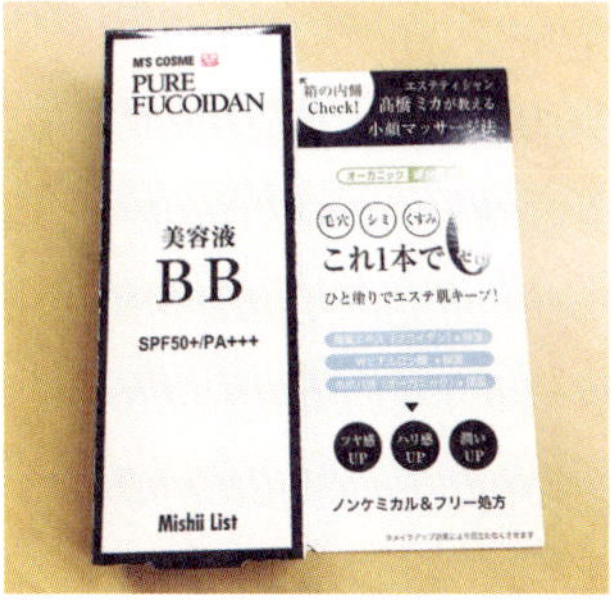

子どもとじゃれあっても大丈夫！

「ミッシーリストのエムズコスメ ニューピュア フコイダン 美容液BBクリームはUVカット効果抜群。フコイダン入りで肌に優しくて子どもが触れても安心」

毛穴カバーにはこれが一番いい気が♡

「毛穴がつるっと目立たなくなる、アナ スイのポア スムージング プライマーはもう何個目？　子どもと触れあうから、ファンデをあまり塗らない私に最適」

オイル美容はやっぱり美肌効果大

「オイルは必需品。特にSK-Ⅱ、ヘレナ ルビンスタイン、SHIGETAの３つは肌のツヤ感がすごい。洗顔後すぐになじませたり、これでコットンパックしたり」

子どもとのこれから

妊娠がわかったときは、育てていけるのか、仕事は続けられるのか、などの不安がありました。それは「子どもを育てるということは大変に違いない」と思い込んでいたからです。でも、母となった今、言えるのは「この子がいて大変！」ではなく、「この子がいて幸せ！」ということ。もちろん、思い通りにいかないこともたくさんあり、悩むことも少なくありません。でも、楽しいこと、面白いこと、大変なこと、つらいこと……そういったことすべてを含めて、毎日子どもと一緒に暮らすのは何よりも幸せなことだと感じています。

そして、子どものまわりには私たちを見守ってくれるやさしい人がたくさんいます。ママ友や先輩ママ、サロンのスタッフなど多くの人に支えられていま す。出産前も私にとって大事な存在の人たちでしたが、子どもを授かったこと で、あらためてその事実に思い至りました。この本で対談している東原亜希さ んもそうですし、帯にコメントを寄せてくださった宮沢りえさんは、私の出産 を見守ってくれた恩人とも言える大切な存在です。

そんななか、子どもが笑顔で過ごしているのを見ると、私たち親子は本当に恵まれた環境にいるんだな、と実感します。妊娠初期に抱いていた不安はなんだったんだろう？　と思うくらいです。

今、子どもは1歳半を過ぎました。仕事のために子どもを預けながら育てています。本音を言えば、まだまだずっと一緒にいてあげたい時期で、子どもを預けて仕事をすることが果たして正解なのかどうか、考えてしまうときもあります。それと同時に、子どもがいても働ける環境のありがたさを強く感じています。対談でもお話ししましたが、私自身は子どもをもったことで妊娠前よりも仕事への意欲が強くなっています。こうやって私が仕事に一生懸命取り組む姿を見て、子どもも何かを感じとってくれるとうれしいですし、そしてそんな子どもとともに私も成長していけたらと思います。

最後になりますが、この本を手にとってくださった方へ。妊娠、出産は本当に人それぞれだと思います。43歳という年齢で無事に出産できた私は、妊娠を告げてくれた先生の言うように、ある意味、奇跡なのかもしれません。でもその「奇跡」を大事に守り育てた日々がこの本にあります。妊娠を考えている方、出産を控えている方、少しでも皆さんのお役に立てたらと願っています。

協力先リスト
（五十音順）

アヴェニューウィメンズクリニック
☎ 0120-766-649

アヴェニュー六本木クリニック
☎ 0120-766-639

内堀醸造
☎ 0574-43-1185

加藤美蜂園本舗
☎ 03-3875-1182

クラランス
☎ 03-3470-8545

ナチュールヴィバン
☎ 044-981-1182

ナチュラルサイエンス
☎ 0120-122-783

日本マタニティフィットネス協会
☎ 03-3725-1103

ぬちまーす
☎ 0120-701-275

八海醸造
☎ 025-775-3866

HACCI
☎ 0120-191-283

ピューリティ
☎ 03-5772-2284

BABYBORN
http://babyborn.jp/

万田発酵
☎ 0120-853-732

ミッシーリスト
☎ 03-5227-5518

メルヴィータジャポン
☎ 03-5210-5723

Special thanks

福山千代子

アヴェニューウィメンズクリニック 院長

日本産科婦人科学会専門医。生理トラブルや更年期障害などさまざまな婦人科の悩みに対して、働く女性などひとりひとりの状況に応じた治療やアドバイスをおこなっている。

「ミカさんのように40歳を過ぎてから出産する方はとても増えています。よく言われることですが、高齢であるほど母体にも胎児にもリスクをともなうことが多くなるのは確かです。でも、そのことをあらかじめ理解しておいて、いざというときにしっかり考えられればいいのではないでしょうか。必要以上に心配することはないと思います。応援しています！」

アヴェニューウィメンズクリニック
東京都港区六本木7丁目14-7　六本木トリニティビル4F
0120-766-649

新生暁子

管理栄養士

高橋尚子さん率いる『チームＱ』にて栄養・調理担当として参加。現在はフリーの管理栄養士として活躍中。テレビやラジオ、雑誌等で食と健康に関する情報を発信している。

「命を授かるというのは、実に神秘的で素敵なこと。だからこそ、妊娠がわかったときからはそれまで以上に自分の体に責任を持ち、健康に保つように心がけてほしいと思います。食を含めて自分のメンテナンスをおこない、ハッピーな出産を迎えてください。ミカさんが実践したことの中から、あなたが無理なく続けられそうなものをいくつか取り入れてみましょう」

髙橋ミカ Mika Takahashi

1971年生まれ。高校卒業後、大手エステティックサロン勤務を経て27歳で独立。2004年、東京都内にエステティックサロン「ミッシィボーテ」をオープン。女優、モデル、タレントほか、多くの著名人の施術を自ら手がけ、その効果の高さに「ゴッドハンド」と呼ばれる。化粧品のプロデュース、各種講演、テレビ出演や雑誌などでも活躍中。2015年に出産し、娘を授かる。『女性ホルモン力UP！ 髙橋ミカの日めくりリンパマッサージ』(集英社／2014)、『髙橋ミカ流 毒出しスリムマッサージ』(講談社／2013) ほか、著書多数。

構成　大貫未記
イラスト　三原紫野
ブックデザイン　田中久子
取材協力　大島芳香 (Three PEACE)

講談社の実用BOOK
43歳《さい》、最高《さいこう》の出産《しゅっさん》
楽《たの》しい妊婦《にんぷ》生活《せいかつ》＆安産《あんざん》のためのアドバイス47

2016年10月21日　第1刷発行

著　者　髙橋《たかはし》ミカ
発行者　鈴木 哲
発行所　株式会社 講談社
〒112-8001　東京都文京区音羽2-12-21
編集　☎03-5395-3529
販売　☎03-5395-3606
業務　☎03-5395-3615
印刷所　慶昌堂印刷株式会社
製本所　株式会社国宝社

ISBN978-4-06-299858-1